Lexa Anders

Mit Augen der Liebe sehen

Erlebnisse aus dem Alltag

BUNDES-VERLAG WITTEN

ABCteam

Bücher, die dieses Zeichen tragen, wollen die Botschaft von Jesus Christus in unserer Zeit glaubhaft bezeugen.

ABCteam-Bücher erscheinen in folgenden Verlagen:
Aussaat Verlag Neukirchen-Vluyn
R. Brockhaus Verlag Wuppertal
Brunnen Verlag Gießen / Bundes-Verlag Witten
Christliches Verlagshaus Stuttgart
Oncken Verlag Wuppertal
Schriftenmissions-Verlag Neukirchen-Vluyn

CIP-Kurztitelaufnahme der Deutschen Bibliothek

Anders, Lexa:
Mit Augen der Liebe sehen : Erlebnisse aus d. Alltag / Lexa Anders. — 6. Aufl. — Witten : Bundes-Verlag, 1983.
(ABC-Team ; 3039)
ISBN 3-8137-3039-5

NE: GT

6. Auflage 1983

Umschlag: Fritz Jahrmarkt, Witten-Herbede
Satz und Druck: Bundes-Verlag, Witten

ISBN 3-8137-3039-5

Inhalt

Vorwort

Menschen sind uns im Leben begegnet, unendlich viele Menschen. Wie ein Strom an uns vorüberfließt, so gleiten auch sie an uns vorbei und verschwinden wie im Nebel. Die einen gehen eine kurze, die anderen eine längere Strecke des Weges mit uns. Einige vergißt man nie.

Sie hinterließen unverwischbare Spuren in unserem eigenen Leben, Spuren, die vom Lichtglanz durchsonnt waren, denn diese Menschen sahen mit Augen der Liebe.

Sie traten heraus aus der großen Masse und waren in ihrem Leben und Handeln so ganz anders als die andern. Man hatte das Gefühl: Der wichtigste Ort war ihnen immer der, an dem sie sich gerade befanden. Die wichtigste Tat war immer die, welche sie im Augenblick vorhatten zu tun, und der wichtigste Mensch war stets der, der ihnen gerade gegenüberstand und sie brauchte.

Sich selbst nahmen sie nie so wichtig, denn ihre Herzen waren völlig dem anderen zugewandt, ihm zu helfen, ihn zu verstehen.

Ja, das sind Menschen, die mit Augen der Liebe sehen, deren Lebensinhalt Jesus Christus selber ist. Es sind Menschen, die dem Gebot der Liebe des Meisters folgen: „Tut, wie ich euch geboten habe!"

Die „rosarote Brille“

Wer kennt sie nicht, die Tage, die Stunden, wo es scheint, als hätte sich alles gegen einen verschworen! Schon früh am Morgen beginnt es. Man will zum Dienst. Es ist allerhöchste Zeit. Da fährt einem die Bahn vor der Nase weg. Man sieht nur noch die roten Schlußlichter im dunklen U-Bahn-Tunnel aufleuchten. Als endlich die nächste U-Bahn einläuft, nimmt ein grinsender Teenager den letzten Sitzplatz ein. Jeder ist sich scheinbar selbst der Nächste.

Im Dienst gibt's heute nichts als Ärger. Es begegnet einem Neid, ja sogar Verleumdung. Man versucht sein Bestes zu geben und erntet nur Undank. Wo bleibt da der Glaube an die Menschen? Man hat sie wieder einmal satt auf der ganzen Linie und ihre Unaufrichtigkeit und Ehrlosigkeit dazu.

Es langt einem.

An solchen Tagen geht man heim und verkriecht sich in seinen vier Wänden. Verzagt sitzt man da und brütet über die Unzulänglichkeit der Menschen. Man empört sich über sie — und muß doch mit ihnen weiterleben. Doch wie soll das geschehen, wenn man ihnen nicht mehr Glauben und Vertrauen schenken kann?

Von meiner Kindheit her hüte ich ein kostbares Geheimnis. Wie oft hat es mich bewahrt, an den Menschen irre zu werden, und wie oft erwuchs daraus Segen für die anderen — und auch für mich! Es ist das Geheimnis um die „rosarote Brille“. Darf ich es preisgeben?

Wie gesagt, das Erlebnis stammt aus meiner Kindheit. Viele böse Dinge, ja, meine ganzen Schandtaten waren ans Licht gekommen. Endlos war das Sündenregister, angefangen mit kleinen Unwahrheiten bis zum heimlichen Kaufen von Süßigkeiten und sonstigen Dingen, die mir gefielen. Die Sparbüchse war leer. Selbst vor der Ladenkasse im Geschäft der Eltern hatte ich nicht haltgemacht. Die Tränen in Vaters Augen taten mir weher als die wohlverdienten Schläge, die ich hinnahm, ohne einen Laut von mir zu geben.

Noch furchtbarer aber war, daß unsere Mutter nicht die geringste Notiz von mir nahm und kein Sterbenswörtchen mit mir redete.

Acht Tage waren schon so vergangen. Nicht einmal am Tisch durfte ich mit den Eltern und der Schwester essen. Irgendwo abseits stand mein Teller.

Ich aß fast nichts. Jeder Bissen blieb mir im Halse stecken. Auch die große Schwester durfte nicht mit mir reden. Aber manchmal auf dem endlos langen Korridor nahm sie mich ganz schnell in die Arme und strich mir liebevoll über den heißen Wuschelkopf. Wie sehnte ich solche kleinen Begegnungen herbei!

Ich litt unsagbar!

In diese Zeit hinein fiel der Besuch eines alten Afrikamissionars, der ein lieber Freund unserer Familie war. Sicher war ihm mein völlig verändertes und stilles Wesen aufgefallen. Sonst war ich ihm voller Freude in seine ausgebreiteten Arme gelaufen.

Jetzt mied ich seine Nähe, obgleich ich mich mehr denn je danach sehnte.

Die Tür zum Arbeitszimmer war nur angelehnt. Leise schlich ich den langen Korridor entlang. Vielleicht sah er mich doch beim Fortgehen noch in meinem Versteck hinter dem Vorhang.

Da hörte ich Stimmen durch die angelehnte Zimmertür. Das Gespräch zwischen Mutter und ihm war gewiß nicht für meine kindlichen Ohren bestimmt. Doch was ich da mit klopfendem Herzen in meiner dunklen Ecke hörte, habe ich in meinem ganzen Leben nicht vergessen.

Um mich ganz persönlich ging es da drinnen. Davonlaufen wollte ich, doch waren meine Füße wie am Fußboden festgewachsen. Am ganzen Körper zitternd stand ich da hinter der angelehnten Tür und hörte Mutters energische Stimme:

„Sie haben doch sicher in Afrika Ihre Schwarzen auch nicht weiß gesehen. Ich befürchte, Sie sehen bei meinem Kind wieder einmal durch Ihre ‚rosarote Brille' selbst seine Schandtaten noch im rosigsten Licht. Das darf doch auf keinen Fall sein! Oder?"

„Mutterchen, sehen Sie doch getrost durch die ‚rosarote Brille'! Lassen Sie uns doch immer wieder mit Augen der Liebe sehen! Das heißt doch nicht, die Schlechtigkeiten und Verfehlungen gutzuheißen oder sie gar übersehen zu wollen.

Mit Augen der Liebe sehen, das heißt doch: verstehen, helfen wollen! Unter dem Schutt und Kehricht der Gasse noch ein Blümlein entdecken, das zur Sonne strebt! Mutterchen, lassen Sie uns mit Augen der Liebe sehen!" —

Unvergessen ist mir dieses Gespräch hinter der

angelehnten Tür geblieben. So ganz hatte ich das zwar nicht begriffen mit der „rosaroten Brille“, durch die man alles im rosigsten Licht sähe. Aber das „Mit-Augen-der-Liebe-sehen“, das hatte ich verstanden. Es tat meinem zerquälten Herzen unendlich wohl.

Später, in einem unbeobachteten Augenblick habe ich schnell einmal versucht, durch die goldumränderte Brille des Missionars zu schauen — aber ich sah gar nichts. Alles war verwischt und verschwommen. Und überhaupt sah ich nichts „rosarot“ und im „rosigsten“ Licht. Es war also gar keine Wunderbrille, die mein Kinderherz sich erträumt hatte. Und doch hat mir das kleine kindliche Erlebnis den Weg in ein Wunderland gewiesen und es mir erschlossen. Es ist etwas Wunderbares um das Geheimnis derer, die — mit Augen der Liebe sehen.

Der alte Geigenbauer

Unsere Mutter selber war es, die uns ein Türchen nach dem anderen zu diesem Wunderland der Liebe öffnete. Schien sie uns gegenüber auch oft streng und unnachgiebig, so war sie doch eine, die, wohin sie auch kam, mit Augen der Liebe die Not der anderen sah.

Da war der alte weißhaarige Geigenbauer, der im Keller unseres Mietshauses wohnte und mühsam durch das Ausbessern von Instrumenten sein Leben fristete. Halbverhungert und dazu noch krank und elend hatte unsere Mutter ihn auf dem Fußboden seiner Werkstatt gefunden. Das erste war, daß eine kräftige Hühnersuppe gekocht und ihm eingelöffelt wurde. Vater schmunzelte, obwohl sein Hühnerbestand im Garten zusehends kleiner wurde.

„Was tut es, es sind immer noch genug da!" meinte er. In solchen Dingen waren die Eltern sich immer einig. Ich sehe sie noch vor mir, unsere kleine Mutter, wie sie mit aufgekrempelten Ärmeln dem Schmutz unten im Keller mit Schrubber und Seife zu Leibe rückte. Die große Schwester mußte tüchtig mit zupacken. Da gab's keine Drückebergerei und keine Widerrede.

Als der alte Geigenbauer sich etwas erholt hatte und keine unmittelbare Pflege mehr brauchte, wurde ich jeden Tag nach Schulschluß mit einem Topf kräftigen Essens nach unten geschickt.

Er wurde mein ganz besonderer Freund, der alte Geigenbauer. Wie oft drückte er mir eines seiner Meisterstücke von seinen Geigen in die Hand und den Bogen dazu. Was ich aber hervorbrachte, war nur ein jämmerliches Gekratze. Auf meiner einfachen Mandoline kam ich eher zurecht als auf seinen kostbaren Meistergeigen.

Enge Freundschaft verband mich mit seinen vielen Enkelkindern, die ich oft alle miteinander in unseren Garten schleppte.

Mutter nannte uns eine ganz „gefräßige" kleine Bande. Es war ein Wunder, daß man alle immer wieder satt kriegte.

Die Fütterung der „Raubtiere" hatte es in sich. Eng schloß sich der Franzel an mich an, der älteste der Geschwisterschar. Er war ein außerordentlicher, weit über den Durchschnitt begabter Junge.

Das Lernen und Arbeiten für die Schule zu zweit machte unendlich viel Spaß. Sein Abitur machte er mit Auszeichnung. Später ging es durch viele Leiden und Anfechtungen in seinem Leben. Ein tüchtiger Pastor ist er geworden.

Seinen Großvater, den alten Geigenbauer, fand ich in späteren Jahren in der Nähe Hamburgs in den Walddörfern in einem wackeligen und schiefen Häuschen wieder. Groß war die unverhoffte Wiedersehensfreude.

„Ich wäre verhungert, wenn deine Mutter mich damals nicht gefunden und so liebevoll aufgepäppelt hätte", meinte er. „Die hatte das Herz auf dem rechten Fleck!"

Hatte die „rosarote Brille" ihr dazu verholfen?

Das Mädchen aus dem Hinterhaus

Nennen wir sie Thea. In Wirklichkeit hieß sie anders. Mit ihrem alten Pflegevater wohnte sie zurückgezogen in recht ärmlichen Verhältnissen in einer der Terrassen Hamburgs, die es noch in den älteren Arbeitervierteln bis vor dem Zweiten Weltkrieg gab.

Was mich sehr beeindruckte, war die große Sauberkeit in dem kargen Haushalt. Um Thea etwas aus ihrer Abgeschiedenheit herauszulocken, holte ich sie zum Jugendkreis ab. Ab und zu sang sie mir zur Laute ein Lied, um mir eine Freude zu machen. Doch im Kreis der anderen war sie viel zu schüchtern. Durch ihre starke Kurzsichtigkeit war sie sowieso schon sehr gehemmt.

Obgleich ich mich sehr um sie bemühte, blieb sie doch recht verschlossen und wortkarg. Nur einmal ging sie aus sich heraus. Ihr richtiger Vater lebte noch und wollte mit ihr verreisen. Wir alle freuten uns mit ihr.

Wochen waren vergangen, und wieder einmal wollte ich Thea abholen. Nicht einmal die Sperrkette nahm sie ab, sondern sagte mir nur durch einen schmalen Türspalt, daß sie nicht mehr kommen könne. Was war geschehen?

Ich ließ nicht locker. Beim nächsten Mal schüttelte sie nur traurig den Kopf und schloß die Tür.

Noch einmal versuchte ich es. Sie schluchzte und weinte nur und drückte die Tür zu. Kein Sterbenswörtchen war aus ihr herauszubringen. Da hielt ich es nicht länger aus und erzählte unserer Mutter von Theas eigenartigem Gehabe.

Als ich mittags aus der Schule kam, war Mutter in unserem Laden dabei, ein großes Paket mit Babywäsche zu packen. Das Komische daran war nur, daß die große Schwester es zu Thea bringen sollte. Ich staunte, wagte aber nicht zu fragen, was eigentlich los sei.

Als ich später mit Mutter allein war, hielt ich es nicht mehr aus. „Hat die Thea denn geheiratet?“ fragte ich und platzte dabei bald vor Neugierde.

„Ja, weißt du, das ist es ja eben! Die Thea hat ein Baby, aber keinen Mann. Sie will nicht sagen, wer der Vater ist.“

Ich dachte hin und her und fand keine Lösung.

Thea verreiste im nächsten Jahr wieder mit ihrem Vater — und sie bekam wieder ein Baby. Ich begriff die Welt nicht mehr.

Unsere Mutter aber sah selber nach Thea, brachte ihr kräftiges Essen und ergänzte mit neuen Sachen, was an Babywäsche aufgebraucht war.

Thea verreiste ein drittes Mal — und sie bekam wieder ein Kind. Wir waren alle entsetzt.

Da platzte ich heraus:

„Und ich freß’ einen Besen, die Thea kriegt ihre Kinder von ihrem eigenen Vater!“

Dafür handelte ich mir eine kräftige Ohrfeige von Mutter ein. Ich schmollte. Aber der Schmerz war bald vergessen. Für mich waren die Fragen um Thea und ihre Kinder gelöst.

Die Jugendbehörde hatte sich natürlich längst eingeschaltet und war der Sache auf den Grund gegangen. Meine Ahnungen hatten sich bestätigt. Der Erzeuger der drei Kinder war Theas eigener Vater. Obgleich ich innerlich triumphierte, recht gehabt zu haben, war ich doch zutiefst erschüttert mit meinen siebzehn Jahren.

Mutter hatte das letzte Kind nur mit wahren Lumpen zugedeckt vorgefunden. Nun war sie dabei, eine Babyaussteuer zusammenzupacken, als solle ein Herrschaftshaushalt beliefert werden.

Ich bekam den Mund nicht mehr zu und meinte kleinlaut: „Für ein Mädchen aus dem Hinterhaus braucht es doch nicht gerade das Beste vom Besten zu sein, finde ich!“

Mutter sah mich an, und unter diesem Blick wurde ich rot bis hinter die Ohren. Ich schämte mich entsetzlich, denn ich selber sollte nun die wunderbaren Babysachen zu Thea bringen.

Mir war es eine gewaltige Lehre.

Still und geduldig trug Thea ihr Los. Damit die Kinder einen „ehrlichen“ Namen haben sollten, heiratete der siebzigjährige Pflegevater die Thea. Bald danach starb er. Treppauf, treppab trug Thea später mit ihren Kindern die Zeitungen in die Häuser und fristete so ihr armseliges Leben.

Viele Jahre sind seitdem vergangen. Aus allen drei Kindern sind tüchtige Menschen geworden und die Thea eine glückliche Großmutter. Ihr Ältester, der seine Mutter über alles liebt, hat sogar bei einer Hamburger Behörde eine leitende Stellung.

Wie gut, daß unsere Mutter diese kleinen Elendswürmer mit Augen der Liebe ansah! Nie werde ich das vergessen.

Sie sah nur — rot

Einmal hat unsere Mutter nicht durch die „rosarote Brille“ der Liebe gesehen — da sah sie einfach nur rot. Und dann gab es einen gewaltigen Krach.

Es war an einem Sonntag. Für den Nachmittagskaffee sollte ich Kuchen holen, den wir selber aussuchen und wählen durften. Ich tanzte wie üblich aus der Reihe. Der Kuchen von unserem Bäcker nebenan genügte nicht. Es mußte Kuchen von einer vornehmen Konditorei vom Mundsburgerdamm sein.

Es goß draußen in Strömen. Ich griff nach dem erstbesten Schirm und machte mich auf den Weg. Erst jetzt bemerkte ich, daß ich nach Mutters gutem Schirm gegriffen hatte. Ihr sogenanntes „bestes Stück“ war es, aus gutem Seidensatin angefertigt. Ganz wohl war mir nicht zumute, weil sie ihn immer nur bei besonderen Gelegenheiten benutzte.

Sicher hatten wir Windstärke 10. Und ehe ich mich versah, war der Schirm beim Sturm schon übergeklappt, ausgerechnet an der Straßenbahnhaltestelle. Der Wind pfiff einem nur so um die Ohren. Ich hatte völlig die Gewalt über das übergeklappte Ding verloren und bohrte die Schirmspitze einem ziemlich beleibten Herrn in die Magengegend.

Schimpfworte prasselten auf mich herunter. Ein Windstoß fegte dem Mann den Hut vom Kopf. Immer wieder entschuldigte ich mich. Er aber hörte nichts mehr, sondern rannte wie toll hinter seinem Hut her, den der Wind wie zum Schabernack davontrieb.

Die Straßenbahn fährt mit seiner schimpfenden und wild um sich fuchtelnden Frau davon. Ich aber stehe im strömenden Regen da und bekomme den Schirm nicht wieder in seine ursprüngliche Form zurück. Man schimpft und lacht herzlich durcheinander, weil ich den ganzen Bürgersteig mit dem komischen Gestell versperre.

Später kam ich mit einer zerbröckelten Sandtorte und klitschnassen Kleidern nach Hause. Mit dem übergeklappten Schirm kam ich kaum zur Haustür hinein. Mutters Entsetzen war groß. Aber die erwartete Strafpredigt blieb eigenartigerweise aus. Die kam erst ein Jahr später.

Vater erbarmte sich über den Schirm und trennte den Stoff vorsichtig ab. Er sollte in einem Fachgeschäft ausgebessert werden. Der abgezogene Schirm wurde sorgsam zusammengefaltet und weggelegt. Damit war die Schirmgeschichte ja eigentlich zu Ende. Sie fand jedoch nach einem Jahr noch ein böses Nachspiel.

Früh schon mußten meine Schwester und ich unter Mutters Anleitung unsere Kleider selbst nähen. Der Kimonoschnitt wurde seinerzeit modern. Mutter bestand aber auf eingesetzten Ärmeln. Die Große gehorchte ohne weiteres. Ich jedoch, die Kleine, war wie versessen auf den Kimonoschnitt.

An Mutters einmaligem „Nein“ erstarben normalerweise jegliche Bitten und Wünsche. Nicht aber bei mir und meinem Dickkopf. So suchte ich heimlich unter Mutters Stoffresten nach etwas Passendem. Etwas vom Stoffballen aus unserem Geschäft abzuschneiden, wagte ich nicht. Zuletzt mußte Mutters „Plünnenbütel“ herhalten. Darin entdeckte ich den abgeschnittenen Regenschirmstoff von jenem Unglückstag. Der Fund schien mir das Richtige zu sein. Wenn das Zerfetzte an der Spitze herausgeschnitten würde, wäre der Halsausschnitt da. Die vielen Bahnen würden nicht stören. So, und dann die Ärmel — natürlich im bewußten Kimonoschnitt! Und an jedem Schirmzipfelchen eine kleine Seidenquaste? Ich fand es großartig.

Da ertönten Mutters Schritte vom Laden her. In hohem Bogen flog die Schere in die Ecke und die zugeschnittene Kimonobluse in den Sack und dieser hinein in die große Eichentruhe. Als Mutter ins Zimmer trat, saß ich wie sonst seelenruhig an meinem Arbeitsplatz. Begraben waren fürs erste der Wunschtraum nach einer Kimonobluse und der zerschnittene Regenschirm in der Eichentruhe — bis Mutter eines Tages etwas suchte und ich voller Entsetzen sah, wie Mutter die zugeschnittene Kimonobluse in ihren Händen hielt, die einstmals ihr vornehmer Satinregenschirm gewesen war.

Da sah sie nicht durch die Brille der Liebe, die alles ins rosigste Licht taucht, nein, sie sah nur rot — sie sah nur den Kimonoschnitt —, und ich hatte das Nachsehen davon.

Doch wie oft hat mir im Leben dies kleine Erlebnis geholfen, die Jugend durch die „rosarote Brille“ zu sehen, Verständnis auch für ihre Wünsche zu haben, ja, sie mit Augen der Liebe anzusehen.

Die ersten miß- oder geglückten Versuche

Das mit der „rosaroten Brille“ war nichts. Die geheimnisvolle Brille des Missionars war also keine Wunderbrille, durch die die Menschen verzaubert wurden. Ich verstand das Gerede der Großen nicht. Doch irgendeine Bewandtnis mußte es ja damit haben. Ich war sicher, daß ich eines Tages schon dahinterkommen würde.

Das andere jedoch: das „Mit-den-Augen-der-Liebe-Sehen“, das leuchtete mir schon eher ein. Das hing mit Gutsein und Liebhaben zusammen.

Kinder brauchen Vorbilder, Idealgestalten, zu denen sie aufsehen, an denen sie sich ausrichten und denen sie nacheifern können.

Mir hatten es die strahlend blauen Augen des Missionars angetan. Meine eigenen waren nur grau, beinahe grün. Entsetzt hatte ich das im Spiegel festgestellt. Meine Schwester hatte sogar gesagt, ich hätte funkelnde grüne Katzenaugen, als ich einmal wütend mit dem Fuß stampfend voller Eigensinn vor ihr stand. Das hatte ich nun selbst im Spiegel feststellen müssen. Nicht nur grüne Katzenaugen hatte ich an mir entdeckt, nein, richtig wilde Tigeraugen. Todunglücklich schlich ich mich davon. Mit den Augen meines Vorbildes würden sie also nie Ähnlichkeit gewinnen, so sehr ich auch versuchte, lieb und freundlich dreinzuschauen.

Heute hängt in meiner Wohnung ein schönes Aquarell. Es ist ein fauchender Tigerkopf mit grünfunkelnden Raubtieraugen. Das hat seinen Grund, daß der Kopf da hängt. Manche Besucher finden ihn entsetzlich, manche wunderbar. Ich liebe diesen Tigerkopf, weil ich ein Stück meines eigenen Wesens aus meiner Kindheit darin sehe. Eine alte mütterliche Freundin, die den Tiger gar nicht leiden konnte, wollte mir einmal eine Freude machen und meinte: „Ich finde, heute sieht er schon ein bißchen freundlicher aus!“

Das sagte sie mit einem solch schelmischen Augenzwinkern, daß ich ihr dafür lachend einen schallenden Kuß gab. Nun, sie kannte mich nur zu gut aus meiner Jugendzeit.

Ob das Eigenwillige und Fauchende wohl in den vielen Jahren danach schon etwas aus meinen grünen Tigeraugen verschwunden ist? Wie sehr wünschte ich es! Fragen wir einmal meine große Schwester! Die ist ehrlich — und die wird's mir sagen. —

Mit den strahlenden blauen Augen meines Idols also konnte ich nicht aufwarten. Aber scheinbar können grünschillernde Tigeraugen auch manchmal etwas freundlich dreinschauen, wenn sie „liebhaben“ wollen. Ich jedenfalls gab mir redliche Mühe, es den blauen Augen gleichzutun.

In der Schule hatte ich deshalb bald einen klettenhaften Anhang. Da war die Dina Groß, die vor Dreck stank, so daß niemand neben ihr sitzen wollte. Nie bekam sie Frühstücksbrote mit in die Schule. Ich hatte den sehnsüchtigen Blick aufgefangen, der meinen gutbelegten Stullen galt. Der Bissen blieb mir förmlich im Mund stecken. Mit Freuden verzichtete ich auf die nächste Schnitte und hielt sie ihr hin. Das dankbare Aufleuchten in den sonst so trüben und traurigen Augen rührte etwas in meinem Herzen an. Es war, als hätte ich etwas ganz Großes, so unendlich Zartes und Wundersames erlebt, das man nun als stilles Geheimnis in sich wie in einem Heiligtum hütet.

Es war ein leises Ahnen um die „rosarote Brille". Doch in Worte konnte ich das Glück nicht fassen. Fast täglich wiederholte sich dieses sonderbare Glücksgefühl, wenn ich der Dina heimlich etwas zusteckte.

Zur Dina gesellte sich die Lina. Bald folgte mir von weitem ein ganzer Schwanz, den ich versorgte. Es waren nicht immer meine Wurst- und Butterschnitten, die in ihre Hände wanderten. Manchmal war es nur ein Bildchen aus der Sonntagschule, ein Hauchblättchen mit einem Spruch. Oft half ich ihnen auch heimlich bei ihren Hausaufgaben. Es schien, als hätten sie so recht niemand, der ihnen etwas Liebe erwies. Und wenn ich gar nichts hatte, was ich ihnen schenken konnte, so strich ich ihnen schnell, daß es niemand sah, über die Wangen.

Solcher kleinen Liebesbezeugungen schämte ich mich stets, weil es kein Opferbringen für mich war. Doch riefen sie in meinem Herzen eine Welle von Glück hervor — und rein äußerlich wurde ich ihrerseits gesegnet mit Flöhen und Läusen.

Mutter war entsetzt, was ich mir da herangeholt hatte. Mutig ertrug ich die essiggetränkte, beißende Lösung unter der Läusekappe. Es schmälerte nicht die Liebe zu meinen „Heimlichverschworenen".

Zwar durfte ich auf Mutters strenges Geheiß nicht mehr mit ihnen zusammenkommen, aber das Verbot konnte nicht verhindern, daß wir uns aus der Entfernung liebten. Selbst als sie nicht mehr in meiner Klasse waren, blieben sie meine treuen Anhängerinnen. Wir wußten um heimliche Verstecke, aus denen sie sich Äpfel, belegte Stullen oder sonst etwas Schönes holen konnten.

Die arme kleine Dina starb bald — an Unterernährung hieß es. Obgleich ich bittere Tränen vergoß, war tief im Herzen ein Gefühl der Dankbarkeit, daß ich ihr etwas Liebes in ihrem so kurzen, armen Leben hatte erweisen dürfen. Wenn ich sie auf einem alten Klassenbild ganz vorne in der ersten Reihe so unglücklich hocken sehe, wird mir immer ganz warm ums Herz. Sie war die erste, die mir ein Ahnen des Glückes erschloß, das einem zuteil wird, wenn man durch die „rosarote Brille", wenn man mit den Augen der Liebe sieht.

Und wenn man dafür auch mit Flöhen und Läusen beschenkt wird — was tut es! Man liebt eben. Man übersieht die Flöhe und Läuse mit „Augen der Liebe".

Großmudding Reimers

Großmudding Reimers liebte ich vom ersten Augenblick an, als ich sie sah. Ein Duft der großen weiten Welt da draußen, von der ich noch recht wenig sah und ahnte, umwehte sie.

Besondere Menschen zogen mich unwiderstehlich an, schon als Kind. Ich suchte Mittel und Wege, mit ihnen in Verbindung zu kommen, sei es, daß ich mich in ihre Nähe begab oder daß ich so lange immer wieder freundlich grüßte, daß man mich endlich daraufhin anredete. Dabei war ich äußerst schüchtern. War es erst einmal zu einem kurzen Gespräch gekommen, verließ mich auch meine grenzenlose Schüchternheit nicht ganz — aber dann war ich zäh. Die Menschen ließ ich nicht wieder frei.

So war es auch mit Großmudding Reimers. Ich hatte sie während des Sonntagsgottesdienstes in unserer Gemeinde entdeckt. Mit meiner Aufmerksamkeit für das dargebotene Wort Gottes war es einfach aus und vorbei, als ich sie in der Reihe vor uns entdeckte. Ein schwarzes Spitzenhäubchen thronte auf ihrem schlohweißen Haar, das sich in lauter kleinen Röllchen zu einem wahren Wunderwerk auf ihrem Kopf türmte. Bei jeder kleinsten Bewegung glitzerten die langen Ohrgehänge wie funkelnde Tautropfen im Sonnenschein. Die Ringe an ihren schlanken Händen versprühten ebensoviel Glanz, wenn sie sich bewegten.

Das ganze Persönchen, von Kopf bis Fuß, hatte sich mir während des Gottesdienstes ins Herz geschlichen. Solches Erleben war stets mein ureigenstes Geheimnis. Mit niemandem sprach ich darüber.

Und diese Augen! Hatten sie nicht große Ähnlichkeit mit denen unseres Freunds, des Afrikamissionars? Jedenfalls konnten sie einen ebenso spitzbübisch anblitzen wie die seinen. Wenn sie still vor sich hinsahen, dann lag soviel Güte, soviel Wissen, soviel Verstehen darin! Wie strahlten sie mich an, als ich ihr nach dem Gottesdienst in den Spitzenmantel half!

Ich lud Großmudding Reimers einfach zu uns nach Hause ein. Wie ich das unserer kleinen energischen Mutter beibringen sollte, wußte ich selbst noch nicht.

Als Großmudding Reimers dann eines Tages tatsächlich mit drei Veilchensträußchen in der Hand in unserem Handarbeitsladen erschien, verlor ich innerlich doch ein bißchen das Gleichgewicht. Aber ein Zurück gab es nun nicht mehr. Wir hatten zwar ein offenes Haus, doch wurde Mutters Gastfreundschaft und Weitherzigkeit manchmal auf die Probe gestellt, denn wir hatten schon einige „komische Exemplare" ins Haus geschleppt, weil wir sie für so „bedürftig" hielten. Zumindest wollte Mutter wissen, wen wir mitbrachten. Doch Großmudding Reimers würde vor Mutters Argusaugen bestimmt Gnade finden, dessen war ich sicher.

Als wir den langen Korridor entlangschritten, hatte ich ihr noch zugeflüstert, daß sie uns ja etwas beim Einfädeln der Wollfäden helfen könne. Wir waren nämlich gerade dabei, einen zehn Meter langen Smyrnateppich für einen Fabrikanten zu knüpfen.

Großmudding Reimers drohte mir lächelnd mit dem Finger: „Weiß deine Mutter denn gar nicht, daß ich komme?"

Statt einer Antwort stieß ich die Tür zum Arbeitszimmer auf und jubelte Mutter entgegen: „Und das ist Großmudding Reimers! Sie will uns helfen, die Wollfäden einzufädeln! Ist das nicht lieb von ihr?"

Daß unsere strenge kleine Mama vor soviel Selbständigkeit ihrer kleinen Tochter kapitulierte, begreife ich heute noch nicht. Doch nicht alle, die wir ins Haus schleppten, fanden vor Mutters Augen Gnade, so daß sie ein zweites Mal wiederkommen durften. Wir hätten sonst wohl auch ein unmögliches Sammelsurium beieinander gehabt. Es langte Mutter ohnehin schon manchmal. Aber sie sah bestimmt mit Augen der Liebe auf die, welche bei uns aus- und eingingen. Großmudding Reimers jedoch blieb uns treu bis an ihr Ende.

Die richtige „Witterung" hatte ich also doch wohl gehabt, als ich sie entdeckte.

Keiner konnte uns mit ihrem sonnigen Humor und mit ihrem Erzähltalent so die große weite Welt in unser kleines Arbeitszimmer bringen wie sie. Da tauchten sie auf, die Fürsten und Grafen in den Schlössern, die Mademoisellen und Exzellenzen in den großen Besitztümern und erstanden vor unseren Augen zu neuem Leben. Wir erlebten förmlich alles mit bei ihrem Erzählen. Hier war sie Kammerjungfer, dort Zofe oder Gesellschafterin bei Prinzessinnen und Fürstinnen gewesen. Jedes Schmuckstück in ihrem Besitz hatte seine eigene Geschichte.

Ein reiches, inhaltsvolles Leben lag hinter ihr, das sich gelohnt hatte. Sie ließ uns in ihrer Herzensgüte an allem teilnehmen.

Doch das Schönste und Größte an ihr war ihr froher Zeugenmut. Wahrlich, sie hat sich nie ihres Herrn und Heilandes Jesus Christus geschämt. Dieser Name stand in ihrem Leben hell auf dem Leuchter, und sie bezeugte ihn, wo immer sie konnte. Stets sah sie an Verachteten und Verkommenen noch etwas Gutes. Immer noch hoffte sie, wo scheinbar nichts mehr zu hoffen war.

Wir liebten sie wie unsere eigene Großmutter und dankten ihr mit unserer Liebe und unserem Vertrauen. Ich glaube, sie war glücklich dabei — bis eines Tages ein jäher Schlaganfall sie dahinraffte.

Ich lief zu ihr ins Krankenhaus, so schnell mich meine Füße trugen. Da lag sie in einem großen Saal mit vielen anderen. Ich erkannte sie kaum wieder. Das schneeweiße Haar war mit einem schlichten Mittelscheitel glatt zurückgekämmt. Man hatte ihr die Zahnprothese entfernt. Nicht ein einziger Brillant oder Edelstein glänzte an ihren Händen. In einem weißen Flügelhemd lag sie da wie eine entblätterte welke Blume. Ihr war voll und ganz bewußt, daß nun das Letzte kommen würde, aber sie wußte auch von dem großen, herrlichen „Hernach".

Das war also von unserer geliebten Großmudding Reimers noch geblieben! Die ganze linke Seite war gelähmt. Doch ich war so froh und dankbar, daß sie noch reden konnte und mich verstand. Unter Tränen nahm ich Abschied von ihr. Plötzlich spürte ich die gesunde Rechte auf meinem Wuschelkopf. Deutlich hörte ich, wie ihr zahnloser Mund sagte: „Der Herr, dein Gott, segne dich — und du wirst ein Segen sein!"

Das waren ihre letzten Worte an mich. Lange noch hielt ich ihre Hand in der meinen, solange, bis ihre Sinne schwanden. Noch am selben Abend schloß sie die Augen für immer. Sie durfte nun schauen, was sie geglaubt hatte.

Bis ins Tiefste aufgewühlt lief ich durch die dunklen Straßen nach Hause. Wieder war ein Menschenkind von uns gegangen, das die anderen in ihrer nahen und weiten Umgebung — und auch uns — mit Augen des Herzens, mit Augen der Liebe angesehen hatte. Wie sehr sehnte ich mich danach, das auch einmal zu dürfen! Doch was hatte sie gesagt? Was waren ihre letzten Worte? — „Der Herr, dein Gott, segne dich — und du wirst ein Segen sein!"

Ich, die kleine giftige Wildkatze mit den grünen Tigeraugen? Ich sollte ein Segen sein? Hieß das etwa: mit Augen der Liebe sehen, so, wie durch die rosarote Brille unseres Afrikamissionars? Das würde ich nie können, nie von mir aus in eigener Kraft schaffen. Doch wie wäre es, wenn Gott es mir eines Tages einfach schenken würde?

„Der Herr, dein Gott, segne dich!" Das war wie ein Vermächtnis.

„. . . und du wirst ein Segen sein!" War das die Folge, wenn Gott segnet? Ach, wie schwer war das alles für mich! Das alles müßte man wieder mit der großen Schwester besprechen! Die konnte es immer so gut erklären, daß man es dann auch verstand.

Eines jedoch blieb bestehen: Ich wollte die Menschen lieben, ja, die ganze Welt in meine Liebe einbeziehen. Liebhaben wollte ich sie mit meinem ganzen Herzen — alle — alle!

Das schien mir der richtigste und einfachste Weg zu sein — aber auch der allerschwerste: das Liebhaben.

Auf der Judenbörse

Heute besteht sie nicht mehr, die Judenbörse in der Elbstraße in Hamburg. Der Krieg mit seinen Wirrnissen hat sie ausgelöscht und damit auch das bunte Treiben der jüdischen Händler. Neben großen Waren- und Lagerhäusern standen noch die alten, baufälligen Häuser der Altstadt mit ihren knarrenden Wendeltreppen und windschiefen Giebeln.

In einem dieser alten „Veteranen" unserer Hansestadt wohnte der Jude Cohn, unser Musterzeichner. Er war ein Original, wie's kein zweites mehr gibt, immer lustig und quicklebendig. Es schien, als wären alle Gliedmaßen an dem kleinen Körper gleichzeitig in Bewegung. So sah es jedenfalls aus.

Nie haben wir einen besseren Handarbeits- und Musterzeichner gehabt als ihn: ehrlich, zuverlässig, immer hilfsbereit. Wie ein kleiner Kobold tanzte er um seinen Zeichentisch herum, hier etwas erklärend, dort schnaufend und herumfuchtelnd, um etwas abzuändern. Unser „Cöhnchen" war eine grundehrliche Haut, und unsere Mutter schätzte ihn sehr.

Noch bewegter und lebendiger ging es unten auf der Straße zu, wo Karren an Karren stand. Voller Wonne konnte man in all den Herrlichkeiten herumwühlen und kramen, die zum Verkauf angeboten wurden. Einer überbot den anderen im Anpreisen seiner Ware, so daß man oft sein eigenes Wort nicht verstehen konnte.

Die kleinen „Ladenhöker“ wollten es den Karrenbesitzern gleichtun. Sie priesen ihre Waren mit gleicher Lautstärke an, die sie auf Tischen und Treppenstufen oder mit ihren Händen feilboten.

Anfangs hielt ich mich dicht an Mutters Seite. Es nahm einem fast den Atem, so aufregend war alles. Später aber wühlte ich selber zwischen den Stoffresten und Proben herum, um Puppenzeug einzukaufen. Scheinbar wollte unsere Mutter mich frühzeitig anlernen und geschäftstüchtig machen. Doch daraus ist nie etwas geworden. Ich war eine geschäftliche Niete.

In schön sortierten und zurechtgepackten Bündeln wurde das Puppenzeug in unserm Geschäft an Kinder verkauft. Die schönsten Stücke aber behielt ich für mich. Kam dann aber so ein armes Würmchen und hatte nur ein Fünfpfennigstück oder gar noch weniger, dann blutete mir das Herz. Ich schenkte ihm meine eigenen bunten Flicken.

Als Mutter dahinterkam, gab's tüchtig Schelte. Schließlich verbot sie mir den ganzen Rummel, und ich war froh darüber. Zu meinen Judenfreunden und „Ladenhökern“ kam ich ja ohnehin, wenn ich die Handarbeitsstoffe zum Aufzeichnen zu unserm „Cöhnchen“ brachte. Zu einem kleinen „Schwatz“ und einem freundlichen Händedruck reichte die Zeit immer noch, die Mutter mir für die Besorgungen zugestanden hatte.

Noch einen besonderen Freund hatte ich bei den jüdischen Vertretern, die bei uns aus- und eingingen: unseren Herrn Cleafs. Er erlebte meinen ersten und auch meinen letzten Schultag. Mit ihm teilte ich meine kindlichen Freuden und Nöte. Manch silberner oder vergoldeter Schokoladentaler wanderte in mein unersättliches Mäulchen. Er gehörte einfach zu uns. Rührend sorgte er für seine alte, kranke Mutter. Darum allein schon hatte er mein Herz gewonnen. Immer war er zurückhaltend vornehm und voller Herzensgüte.

Lange, nachdem wir unser Geschäft aufgegeben hatten und im Dienst des Herrn standen, sah ich ihn in der Nazizeit noch einmal wieder. Müde ruhte er sich, auf einem schweren Musterkoffer sitzend, einen Augenblick lang aus, um dann wieder mit gebeugtem Rücken seine schwere Last weiterzuschleppen. Er war ein gebrochener Mann.

Ich lief über die Straße und hinter ihm her. Als ich seinen Namen rief, setzte er seinen schweren Koffer ab. Ein Leuchten glitt über seine verhärmten Züge. Seine Mutter lebte nicht mehr. „Und wer weiß, was auf mich noch wartet“, meinte er.

Als er mir zum Abschied beide Hände drückte, wurde es feucht in seinen Augen. Da gab ich ihm einen herzhaften Kuß und strich ihm über die eingefallenen Wangen. Dann ging er davon, gebeugt unter seiner schweren Kofferlast, ohne sich noch einmal umzusehen.

Sicher hat auch sein Leben in irgendeiner Gaskammer geendet.

Auch unser „Cöhnchen“ traf ich noch ein einziges Mal – auf der Plattform einer Straßenbahn. Unversehens stand er vor mir, weil er in voller Fahrt aufgesprungen war.

Das sah ihm so richtig ähnlich. Neben mir stand so ein protziger Amtsleiter der Nazis. Mich kümmerte das nicht. Meine Freude über das unverhoffte

Wiedersehen war so groß, daß ich ihn gar nicht wahrnahm. Da verbot er mir plötzlich, mit diesem „Judenhund“ zu sprechen, wie er unser „Cöhnchen“ bezeichnete.

Bis ins Innerste war ich empört und aufgewühlt. Ich sagte ihm unverblümt, daß ich nur Liebes und Gutes seit meiner frühesten Kindheit von diesem Menschen erfahren hätte. Ihm zu danken und ihn zu grüßen, ließe ich mir keineswegs verbieten. Unser „Cöhnchen“ wollte mich nicht in Unannehmlichkeiten verwickeln, er verabschiedete sich mit einem lustigen Augenzwinkern und stieg an der nächsten Haltestelle aus. Neben den Grüßen für die Eltern und meine Schwester hatte er mir noch zugeflüstert, daß er sich nach England absetzen wolle. Er sorge schon dafür, daß er am Leben bliebe.

Ich selber stieg nach einer weiteren Haltestelle aus, ohne noch länger auf die lautstarken Beschimpfungen des „Braunen“ zu hören.

Ich haßte plötzlich diesen Menschen — ich, die ich doch alle lieben wollte! Heftige Widersprüche nagten an meiner Seele. Erst die große Schwester tröstete mich und sagte liebevoll:

„Laß uns dabei bleiben, andern Liebe zu erweisen und dabei nicht an uns zu denken, ganz gleich, was dabei herauskommt.“

Herr, schenke es mir, den andern, den Nächsten mit deinen Augen, mit Augen der Liebe zu sehen, ihn zu sehen, wie du ihn siehst.

Mutter Kosack

Alle kannten sie auf der Uhlenhorst, die alte Mutter Kosack mit ihrem Blumenstand vor dem U-Bahnhof Mundsburg. Dreckig und speckig lief sie in ihren alten Kleidern umher, die man nur als Lumpen bezeichnen konnte.

Doch eines mußte man ihr zugestehen: Sie verkaufte die besten und frischesten Schnittblumen in der ganzen Umgebung. Bei Mutter Kosack war man sicher, gut bedient zu werden. Ihre Blumen hielten sich sehr lange, während die aus den Geschäften oft schnell verwelkten. So übersah man die vor Schmutz strotzende Schürze und hielt ein bißchen den Atem an, solange man in ihrer Nähe war.

Im Frühling und im Sommer ging es noch so einigermaßen. Da hatte sie ihren Stand im Freien vor dem U-Bahnhof Mundsburg. Im Winter jedoch verkroch sie sich in das kleine Wartehäuschen auf der Verkehrsinsel. Dann konnte man erleben, daß ihre „Düfte" die ihrer Blumen weit übertrafen. Es kam sogar vor, daß man das Wechselgeld vergaß, um möglichst schnell an die frische Luft zu kommen.

Man munkelte, daß Mutter Kosack im Sommer irgendwo auf einer Bank im Park oder am Isebeckkanal übernachtete. Im Winter zog sie es dann doch vor, sich in einem Hinterhof eine Wohnung zu mieten. Als Untermieterin wollte niemand sie haben, weil sie so entsetzlich trank und stank.

Nie werde ich vergessen, wie ich sie einmal ganz früh am Morgen laut schnarchend in dem Wartehäuschen auf der Verkehrsinsel am Mundsburg liegen sah. Erschrocken blieb ich stehen. Ein älterer Herr klopfte mir auf die Schulter.

„Du brauchst keine Angst zu haben, Kleine, das ist doch Mutter Kosack, die hat sich mal wieder volllaufen lassen!"

Er sagte es und ging lachend weiter. Mir aber wollte sich das Herz im Leibe umdrehen. Arme alte Mutter Kosack! Warum hast du kein Zuhause? Warum trinkst du so? Warum bist du so heruntergekommen? — Obgleich ich mich vor ihr ekelte, tat sie mir unendlich leid. Aber war ihr überhaupt zu helfen?

Als ich einige Stunden später aus der Stadt zurückkam, saß sie inmitten ihrer frisch herangeholten Blumen und schlürfte voll Behagen eine Tasse heißen Kaffee, den sie sich aus einer nahegelegenen Wirtschaft geholt hatte. Eine mächtige Schnapsfahne umwehte sie trotzdem, denn zu ihren Füßen stand inmitten ihrer Flora die unvermeidliche Fuselflasche.

Wie hatte ich überhaupt ihre Bekanntschaft gemacht? Ja, ich weiß es noch ganz genau. Ich wollte es ja so gerne lernen, durch die „rosarote Brille" mit Augen der Liebe zu sehen. Darum schrie ich eines Tages gegen eine johlende Horde von Jungen und Mädchen an, die sich wie eine Meute an Mutter Kosacks Fersen geheftet hatte.

„Macht, daß ihr nach Hause kommt! Ihr seid gemein, die alte Frau so zu veräppeln!"

Mit meinen Fäusten hieb ich auf die Jungen ein, die vor Vergnügen kreischten und schrien. Aber was nützte meine kleine Kraft gegen eine solche Horde! Im Gegenteil! Mich erwischte noch ein kräftiger Schlag von Mutter Kosacks Krückstock, der fuchtelnd zwischen der johlenden Menge hin- und herfuhr.

Was war nur geschehen? Warum war der halbe Stadtteil auf den Beinen und außer Rand und Band geraten? Selbst die Erwachsenen lachten und schrien und boten dem Tumult keinen Einhalt. Später erfuhr ich es.

Mutter Kosack hatte dem Schlossermeister in der Humboldtstraße für eine Festlichkeit Blumen geliefert. Schnell wollte sie sich einen kräftigen Schluck aus der Flasche genehmigen und setzte sich bei ihrer starken Kurzsichtigkeit ausgerechnet auf ein mit Kleister bestrichenes Plakat, das auf der Bank im Garten lag: „Zutritt verboten!"

Mit diesem Plakat, das nun festangeklebt in großen schwarzen Buchstaben auf ihrer Rückseite prangte, trat sie leicht schwankend den Heimweg an. Wie konnte sie auch nur ahnen, warum halb Uhlenhorst hinter ihr her war!

Sonst waren es immer nur einige gewesen, die häßliche Worte hinter ihr herschrien. Da half ihr Krückstock, um mit ihnen fertig zu werden. Aber dieser Meute war sie nicht gewachsen.

Es war so schlimm, daß die Polizei eingriff und sie eigenhändig unter Geleitschutz in ihre düstere Wohnung nach Hause brachte. Selbst die Polizisten konnten kaum ernst bleiben, als sie das sonderbare Schild an ihrem Mantel entdeckten. Als man sie davon befreien wollte, schlug sie so wild um sich, daß die beiden Polizisten Mühe hatten, ihren wohlgezielten Schlägen auszuweichen. Was wußte sie von Körperverletzung und Widerstand gegen die Staatsgewalt! Was wußte sie davon, warum halb Uhlenhorst auf den Beinen war und hinter ihr herjohlte!

Sicher war es nicht nur Kleister, sondern Leim, womit das Plakat bestrichen war. Ich fand in der Nacht darauf kaum Schlaf, so sehr hatte mich die ganze Sache aufgeregt.

Beim Einkaufen machte ich einen Abstecher zur Mundsburg. Da saß Mutter Kosack in der Morgensonne, als sei nichts gewesen. Wie sollte ich's ihr sagen, daß mir das von gestern abend so leid tat? Konnte ich ihr deutlich machen, daß ich sie hatte verteidigen wollen, sie aber nichts von alledem gemerkt hatte? Ich pirschte mich an ihren Blumenstand heran und hatte plötzlich einen mächtigen Kloß im Hals.

„Guten Morgen, Mutter Kosack!"

„Morgen, morgen!"

„Du, Mutter Kosack . . .!"

„Wat steihst du da rüm? Wullt du wat köpen? Sonst hau ab! Mit mi is nich gut Kirschen eten!"

Schon langte sie in alter Gewohnheit nach ihrem Krückstock, doch mir wuchs der Mut.

„Ja, damit hast du mir gestern eine gelangt . . . und ich wollte dich ja man bloß verteidigen. Ich wollte dir ja nur sagen, daß es auch Kinder gibt, die gut zu dir sind und dich liebhaben."

Mit einem unverständlichen Gemurmel ließ sie von ihrem Krückstock ab. Plötzlich waren ihre kleinen „plierenden" Augen ganz dicht vor mir. Tapfer bekämpfte ich meinen Ekel, weil sie doch so entsetzlich roch.

„Du bist so anners als die annern! Ick glöw di dat, wat du seggst."

Ihr trieften die Augen, ihr tropfte die Nase, aber in diesem Augenblick liebte ich die sonderbare Alte wirklich von ganzem Herzen. Mein Glück kannte keine Grenzen, als sie mir mit ihren verschrumpelten, schmutzigen Händen ein kleines Sträußchen Vergißmeinnicht in die Hand drückte. Das kleine Lächeln, das dabei über das verwitterte und unschöne Gesicht huschte, war mir wie ein Gruß aus einer andern Welt, zu der dies alte Weiblein sonst keinen Zutritt zu haben schien. Ich hatte ihr etwas Liebes tun und sagen wollen, und nun ging ich selbst als Beschenkte heim.

Es war doch etwas Sonderbares, durch die „rosarote Brille" zu sehen, ja, die Menschen mit Augen der Liebe anzusehen! Wie verändert sich dann alles!

So war unsere Freundschaft entstanden. Wenn es mir doch gelingen würde, dieses scheue Lächeln öfter einmal in ihre so verwitterten Züge hineinzuzaubern!

Manches belegte Butterbrot, manche weiche Semmel steckte ich ihr heimlich zu, weil sie mit ihren zwei Zähnen nichts mehr richtig beißen konnte. Und immer wieder prangten ein paar Blümchen in einer kleinen Vase vor mir auf meinem Arbeitsplatz zu Hause und erfreuten mein Kinderherz.

Einmal brachte ich sie mit meinem Regenschirm nach Hause, als es so fürchterlich goß. Dabei hoffte ich sehnlichst, einen Blick in ihre Hinterhauswohnung werfen zu können.

Die beiden Fenster waren mit Jutesäcken verhängt. Die Neugierde plagte mich, wie es wohl da drinnen aussehen würde. Doch da schlug sie mir die Tür vor der Nase zu.

„Dat geiht di nix an!“ war ihr Kommentar.

Ja, das war Mutter Kosack!

Die Neugier ließ mich nicht los. So kletterte ich am nächsten Tag auf die Schultern eines größeren Jungen und sah über die verhängten Säcke ins Zimmer. Der Junge wollte natürlich auch mal hineinsehen. Da lief ich ihm einfach davon.

Entsetzen, kaltes Entsetzen hatte mich gepackt ob dem, was ich gesehen hatte. Auf dem Fußboden lag ein zerwühlter Strohsack und daneben eine zerlumpte Wolldecke. Wenn ich abends in meinem warmen Bett lag, geisterte Mutter Kosack noch lange in meinen Gedanken und Träumen umher.

Unser Blumenbedarf für Geburtstage, Konfirmationen oder für sonstige Festlichkeiten wurde natürlich bei Mutter Kosack eingedeckt. Im Laufe der Zeit war ich ihr gegenüber viel zutraulicher und mutiger geworden. Ich fragte sie nach diesem und jenem, aber immer erhielt ich unter demselben Gepruste und Schnaufen dieselbe Antwort: „Dat geiht di nix an! Davon versteihst du nix!“

Wer konnte ergründen, ob sie gerührt war durch mein kindliches Fragen oder ob es eine Abwehr war, um niemanden in sich hineinsehen zu lassen?

Eines Tages fand man sie tot auf ihrem Strohsack liegen. Man sagte, sie hätte sich totgesoffen. Nicht einmal die eiserne Sperrkette hatte sie vorgelegt. Sie war doch sonst so vorsichtig und verkroch sich vor allen Menschen! Gewiß hatte sie die Kette in ihrer Volltrunkenheit vergessen. —

So stand jung und alt um sie herum, als man sie fand und die Polizei alarmierte. Das Schild „Zutritt verboten!“ war hinfällig. Jeder wollte noch einmal einen Blick auf sie werfen, auf Mutter Kosack, das seltsame Original von der Uhlenhorst aus der Humboldtstraße im Hinterhof. Außer ihrem Strohsack befand sich nichts, aber auch rein gar nichts in ihrer Wohnung. Kein Tisch, kein Stuhl, keine Tasse, kein Teller, keine Wäsche. Nichts war in der Wohnung. Sie besaß nur das, was sie am Leibe trug — Lumpen.

Arme Mutter Kosack!

Ja, das dachten wir alle, die wir um sie herumstanden in einer seltsamen Trauer. Und doch hatte sie uns alle an der Nase herumgeführt. In ihrem Strohsack soll die Polizei etliche tausend Mark gefunden haben. Selbst Goldstücke sollen darunter gewesen sein, so berichteten nachher die Zeitungen. —

Das alles durchlebte ich in Gedanken heute noch einmal, als ich die Verkehrsinsel am Bahnhof Mundsburg überquerte, wo vor vielen Jahren einmal Mutter Kosack mit ihrer Schnapsflasche inmitten ihrer Blumen saß. Und weil sie mir nicht mehr selber ein Sträußchen Vergißmeinnicht schenken konnte, ging ich in das nächste Blumengeschäft und kaufte mir eins zur Erinnerung und zum lieben Gedenken an sie.

Das waren die ersten Ansätze bei meinem Versuch zu lernen, durch die „rosarote Brille“ zu sehen — nein, vielmehr mit „Augen der Liebe“. Dabei habe ich erfahren, daß das unsagbar glücklich macht.

Jesus hat die Sünder lieb

In unserer Straße hatte sich etwas „Außergewöhnliches“ zugetragen. Ein paar Häuser weiter hatte sich ein Großkaufmann ein sogenanntes „Freudenmädchen“ ins Haus genommen. Überall beim Einholen hörten wir Brocken von Gesprächen, die wirklich nicht für unsere kindlichen Ohren bestimmt waren. Neugierde packte mich. Die Frau mußte ich sehen. Keiner wollte mir sagen, was für eine Frau das eigentlich war. Ein „Freudenmädchen“ mußte doch etwas Wunderschönes sein. So landete ich, wie gewöhnlich, bei meiner großen Schwester.

Anhand der Geschichte von der großen Sünderin am Jakobsbrunnen und der vom verlorenen Sohn gab sie mir in liebevoller, verständlicher Weise eine kindgemäße Erklärung.

Eines Tages sah ich das „Freudenmädchen“, eine wunderschöne Frau. Mein Herz schlug mir bis zum Hals. Das sollte also eine große Sünderin sein?

Als ich sie so fragend und nachdenklich ansah, meinte sie, ob ich etwas von ihr wolle. Verneinend grüßte ich sie und rannte davon.

In einem großen Unterstellraum von Droschkenkutschen und Autos, der dem Onkel einer Spielkameradin gehörte, verkroch ich mich auf einem Kutscherbock. In meinem Neuen Testament las ich die Geschichte von der großen Sünderin und dem verlorenen Sohn noch einmal nach. Ihnen hatte der Herr

Jesus geholfen. Warum nicht auch meiner schönen Frau X aus der Heinrich-Hertz-Straße?

Jesus hatte die Sünder lieb. Der konnte auch ihr helfen. Aber wie sollte ich die beiden zusammenbringen?

Liebe ist erfinderisch. Mit großen, kindlichen Buchstaben schrieb ich fein säuberlich auf einen Zettel: „Der Herr Jesus hat die Sünder lieb — und dich am allermeisten."

Dann zog ich auf Posten und wartete bis zum Dunkelwerden vor ihrer Haustür. Aber sie kam nicht. Ich mußte nach Hause. Doch ich war zäh.

Am nächsten Tag wurde ein neuer Zettel geschrieben. Der alte war vor lauter Aufregung unansehnlich geworden, weil heiße Kinderhände ihn zu fest gehalten hatten.

Diesmal hatte ich Glück. Das Herz schien mir zerbersten zu wollen. Als ich sie grüßte, fragte sie erneut, ob ich etwas von ihr wolle. Ich nickte nur und hielt ihr meinen Zettel hin. Sie starrte ihn an und las dann leise: „Der Herr Jesus hat die Sünder lieb — und dich am allermeisten."

„Wer heißt dich, so etwas zu tun?" fragte sie, und ihr Blick ging in die Weite, als sähe sie mich gar nicht. Plötzlich konnte ich reden, die ich sonst so schüchtern war.

„Niemand hat mir gesagt, daß ich das tun soll. Aber ich habe Sie doch lieb und will nicht, daß Sie verloren gehen und daß man überall so häßlich über Sie redet . . ."

Nun war es heraus, was mir so im Herzen brannte. Und etwas Sonderbares geschah: Sie, die große Sünderin, von allen geächtet und verspottet, neigte sich zu mir herab und gab mir einen Kuß auf die heiße Stirn, indem sie sagte: „Gott segne dich, mein Kind!"

Dann ging sie davon. Ich aber rannte zurück in meine Droschkenkutsche und weinte herzzerbrechend. War es Schmerz, war es Glück? Sicher war es beides. Sie, die ich so sehr in mein Kinderherz und in meine Gebete eingeschlossen hatte, sie wußte es jetzt wenigstens: „Jesus hat die Sünder lieb — und dich am allermeisten."

Nie habe ich sie wiedergesehen. Ich weiß nur von Nachbarn, daß sie eines Morgens in aller Frühe mit einem kleinen Koffer davonfuhr und nie wieder gesehen wurde.

Immer mehr erfuhr ich das große Glück, was es heißt, nicht nur durch die „rosarote Brille", sondern mit Augen der Liebe zu sehen.

Und er, der große Herr und Meister, überwand auch mich mit meinem Trotz und Eigensinn in seiner abgrundtiefen Liebe, daß ich ihm mein Leben völlig auslieferte. Vor dieser Liebe kapitulierte ich — und ich habe es nie bereut. Täglich lerne ich, mit seinen Augen die Menschen zu sehen, mit Augen der Liebe. Das macht so froh, immer noch zu hoffen, wo nichts mehr zu hoffen ist, immer noch ein Fünkchen in der Asche zu entdecken, das sich lohnt, zu einem neuen Feuer zu entfachen.

Wenn ich mit Menschen- und Engelszungen redete — und hätte der Liebe nicht . . .! Herr, lehre uns lieben, doch mit deiner Liebe!

Aus Überzeugung? — Nicht aus Liebe?

Eingekeilt in der Menschenmasse, die aus einem Warenhaus strömt, eilen wir an die frische Luft. Zwei Heilsarmeesoldatinnen stehen am Ausgang und sammeln für irgendeinen guten Zweck. Die Ältere ist gerade damit beschäftigt, einem Herrn eine Anstecknadel auszuhändigen. Schon wollen wir an ihr vorübergehen, als ich noch die zweite weit jüngere Heilsarmeesoldatin entdecke, die ebenfalls mit einer Sammelbüchse und Anstecknadel dasteht: ein junges bildhübsches Menschenkind!

Ich fahnde nach einem Geldstück und pirsche mich an sie heran. Sie lächelt und dankt. Neugierig frage ich: „Sagen Sie, das ist doch gar nicht so leicht für Sie, ich meine, so die Uniform und das ‚Halleluja-Hütchen' zu tragen."

„O, das macht mir gar nichts aus!" lächelt sie.

„Wirklich nicht?" entgegne ich. „Ich bewundere Sie!"

„O, wenn man seinen Dienst aus Überzeugung tut, dann macht es einem nichts aus!"

„Nur aus voller Überzeugung?" frage ich lächelnd zurück. „Sagen Sie doch lieber: aus Liebe zu Jesus und zu den Verlorenen! Nicht wahr, so ist es doch? Das ist doch wohl Grund und Ursache Ihres Dienstes. Oder?"

Sie wird rot und sagt: „Ja, Sie haben recht! Aus Liebe — nicht nur aus Überzeugung."

Fest drücke ich ihre Hand: „Gott segne Sie in Ihrem Dienst! Hier, meine Freundin und ich, gehören auch zur großen Gottesfamilie!"

Noch einmal huscht ein frohes Lächeln über ihr Gesicht und ein glühendes Rot über ihre Wangen. Dann verschwinden wir in der Menschenmenge.

Möge unsere kurze Begegnung ihr eine Aufmunterung, ein frohmachender Gruß im Alltag gewesen sein.

Gott segne dich, du kleine Heilsarmeesoldatin mit dem lustigen „Halleluja-Hütchen", daß dein Dienst nicht nur aus Überzeugung, sondern aus Dank und Liebe für unseren Herrn und Meister geschieht! Wir brauchen uns seiner wahrlich nicht zu schämen.

Herr, lehre uns je länger, desto mehr mit dem Herzen, mit den Augen der Liebe zu sehen!

Ach, daß wir mit Augen der Liebe sehen . . .!

Es ist früh am Morgen. Während ich schnaufend unter der Dusche stehe, läutet das Telefon. Ärgerlich tappe ich ins Schlafzimmer zurück. Wer will denn schon so früh etwas von mir? Es meldet sich eine Männerstimme, nachdem ich meinen Namen genannt habe.

„Entschuldigen Sie bitte, da bin ich verkehrt verbunden!"

Also dusche ich weiter.

Wieder klingelt das Telefon, und wieder meldet sich dieselbe Männerstimme: „Komisch, daß ich wieder falsch verbunden bin! Ich habe doch die Nummer . . . gewählt. Ich bin auf der Suche nach einer bestimmten Fürsorgeschwester (er nennt meinen Geburtsnamen), da melden Sie sich nun schon ein zweites Mal."

Ich werde stutzig. „Nun, da sind Sie schon an die richtige Rufnummer geraten."

„Aber Sie melden sich doch mit einem anderen Namen."

„Es ist mein Geburtsname, unter dem Sie mich suchen."

„Gott sei Dank, daß ich Sie endlich gefunden habe! Wenn's irgendwie möglich ist, kommen Sie doch bitte gleich zu uns. Wir brauchen Sie. Es geht um unsere Tochter. Sie ist rauschgiftsüchtig."

„Aber wie kann ich denn da helfen? Das steht doch wohl nicht in meiner Macht."

„Bitte, sagen Sie nicht nein! Bitte, kommen Sie! Oder soll ich Sie mit dem Wagen holen?"

Ich spüre die grenzenlose Not eines Vaters um sein Kind und willige ein. Erleichtert höre ich ihn aufatmen.

Eiligst ziehe ich mich an und fahre bis Rissen mit der S-Bahn, dann weiter mit einer Taxe. Bald darauf stehe ich vor einem wunderschönen Haus. Meine Fahrt war bis dahin ein einziges Flehen, daß Gott mir für diesen Auftrag Gnade schenken möge.

Hinter den Gardinen bewegt sich etwas. Als sich die Gartenpforte plötzlich durch einen Druck von innen her öffnet, weiß ich, daß ich erwartet werde. Die Haustür wird geöffnet. Es scheint der Vater zu sein, der mich anrief und der mir nun mit schnellen Schritten entgegenkommt.

In der offenen Haustür empfängt mich wortlos die Mutter. Ihre Augen sind vom Weinen gerötet. Ein fester Händedruck — dann bittet man mich, mit nach oben zu ihrem Kind zu kommen.

Die ganze Atmosphäre des Hauses spricht von Reichtum und Eleganz. Man bringt mich in das Zimmer der Tochter. Noch nie sah ich ein solch entzückendes Jungmädchenzimmer wie dieses. Doch dann werden mir plötzlich die Knie weich. Vom Tod gezeichnet liegt im Bett unter einer seidenen Steppdecke das einzige Kind der Eltern.

„Bitte, holen Sie gleich einen Arzt!" Das ist meine erste Reaktion. „Wissen Sie eigentlich, wie es um Ihre Tochter steht? Ich befürchte, es kann nicht mehr lange dauern, bis . . ."

„Wir haben bereits einen befreundeten Arzt geholt. Er ist unten im Wohnzimmer."

Die Mutter kniet schluchzend am Bett ihres Kindes und ruft immer wieder verzweifelt: „Mein Kind, mein armes Kind!" Ich bin zutiefst erschüttert und kann nur flehen, daß Gott dieser unsagbaren Not bald ein Ende machen möge. Dann gehen wir ins Wohnzimmer, wo ich dem Arzt vorgestellt werde. Nur langsam kommt ein Gespräch zustande.

„Wie kommen Sie nur darauf, mich anzurufen? Wir kennen uns doch gar nicht."

Ein schwaches Lächeln gleitet über die leidgeprüften Züge des Vaters. „Doch, wir kannten schon Ihre Eltern in der Uhlenhorst und auch Ihre Schwester. Damals trugen Sie noch Hängezöpfe, und letzthin haben wir Ihre Bücher gelesen. Da kam uns heute morgen in unserer großen Not der rettende Gedanke: Wenn einer uns versteht und uns raten und helfen kann, dann sind Sie es. Über die Holstenwall-Gemeinde haben wir dann Ihre Rufnummer erfragt. Aber wir kannten Sie ja nur unter Ihrem Mädchennamen. Früher waren wir auch einmal Mitglieder Ihrer Gemeinde."

Der Arzt und die Mutter sind inzwischen wieder zu dem sterbenden Kind gegangen. Doch kommt sie sofort zurück. Sie kann den Anblick ihres Kindes nicht ertragen und fürchtet zusammenzubrechen.

„Wie ist es denn nur soweit mit Ihrer Tochter gekommen?"

Dann berichtet der Vater weiter: „Gundula stand kurz vor dem Abitur. Sie war eine gute Schülerin. Das Lernen machte ihr vom ersten Schultag an viel Freude. Doch auf einmal war sie so völlig verändert.

Sie fing an, Hasch zu rauchen, wurde aufsässig uns gegenüber und schwänzte die Schule. Eines Tages kam sie nicht mehr nach Hause.

Zuerst hatten wir es mit Liebe und Güte und dann auch mit Strenge versucht. Sogar das Taschengeld hatten wir ihr verdoppelt. Sie wurde nur immer verstockter und unzugänglicher. Wir waren an Leib und Seele zerbrochen und ahnten nicht, daß noch weit Schlimmeres auf uns zukommen würde."

„Haben Sie nie versucht, ihr innerlich zu helfen? Wenn Sie früher unter Gottes Wort gingen, dann wissen Sie doch um diese Kraftquelle und daß einzig und allein dort Hilfe zu finden ist?"

Betretenes Schweigen nistet zwischen uns. Dann bricht es langsam aus dem Mann heraus: „Ja, wissen Sie, als der wirtschaftliche Aufstieg bei uns begann, da haben wir den Glaubensweg verlassen. Da konnten wir unserer Tochter innerlich auch keine Hilfe mehr sein. Sie hat es ja bewußt miterlebt, daß wir Gott den Rücken kehrten. Wie konnten wir ihr da innerlich helfen? Wir durften ihr mit solchen Worten überhaupt nicht kommen."

Ich nickte nur stumm und kann nicht verhindern, daß mir die Augen feucht werden. Als der Arzt mir von der Tür aus leise zuwinkt, entschuldige ich mich für einen Augenblick und gehe mit ihm nach oben.

„Wie lange kann es noch dauern?" frage ich, als wir an dem Bett des Kindes stehen. Wir können sie beide kaum halten, so schlägt sie um sich.

„Nicht mehr lange, dann wird's vorbei sein. Ich gebe ihr jetzt noch eine Spritze. Die Mittel haben ausgewirkt — und Gundula soll sich nicht mehr so quälen."

Ich bleibe so lange, bis sie ruhig wird. Dann gehe ich zu den Eltern zurück, die mich fragend ansehen. Ich sage, daß Gundula jetzt ruhig daliege und schlafe.

Der Vater fährt fort in seinem Erzählen, und ich merke, daß es ihn sichtlich erleichtert, sich einmal alles vom Herzen reden zu können: „Ich weiß schon, daß ich Ihnen heute morgen mit meinem Anruf einen Schrecken eingejagt habe. Aber verstehen Sie, der unsrige war noch weit größer.

Heute früh, so zwischen fünf und halb sechs, läutete es Sturm an unserer Haustür. Ich laufe im Bademantel nach unten. Vor mir steht ein Rocker, so ein richtiger Gammler mit einer Löwenmähne, ganz furchterregend anzusehen. Er fuchtelt mir mit etwas vor meiner Nase herum und ruft verzweifelt: ‚Ist das Ihre Tochter? Das ist doch Ihre Tochter. Es geht ihr ganz schlecht! Sie ist sehr krank! Kommen Sie ganz schnell mit.'

Ich bin Brillenträger. Es schwimmt mir alles vor den Augen. Doch ich erkenne in diesem Personalausweis das Bild meiner Tochter. Denken Sie, zwei Jahre hörten wir nichts von Gundula. Jedesmal, wenn auf St. Pauli Großrazzia war, rief uns die Kripo an, daß sich jemand von uns zu Hause aufhalten sollte, falls man sie finden und zu uns bringen würde. Zwei Jahre lang war sie nun schon als vermißt gemeldet. Zwei Jahre lang warteten wir vergebens — bis heute morgen."

Der Arzt winkt uns. Wir gehen gemeinsam nach oben. Erschüttert müssen wir mit ansehen, wie die Eltern am Sterbebett ihres einziges Kindes zusammenbrechen.

Es dauert nicht mehr lange — und Gundula hat ausgelitten.

Wie soll man da trösten? Jedes Wort scheint im Sande zu verlaufen. Wir bringen die Eltern ins Wohnzimmer zurück. Der Arzt hilft mir dann, das Kind zu betten und ihr Lager mit Blumen zu schmücken. Der Vater hat inzwischen für jeden im Wohnzimmer einen Cognac eingeschenkt.

„Ich meine, wir können's gebrauchen!" sagt er leise zu uns gewandt. Noch einiges wird gesprochen. Plötzlich sieht die Mutter mich flehend an und sagt: „Bitte, beten Sie doch mit uns, ehe wir auseinandergehen!"

Mir ist die Kehle wie zugeschnürt. Ich kann es einfach nicht. Wiederum sieht mich die Mutter flehend an. Da wage ich es und bitte, daß wir gemeinsam das Vaterunser beten und daß wir die Bitte: „. . . und vergib uns unsere Schuld . . ." wirklich in Buße und Beugung dreimal vor Gott aussprechen und wiederholen wollen.

Da ruft der Vater aufgeregt: „Das kann ich nicht! Uns trifft wirklich keine Schuld! Wir haben alles für unser Kind getan, meine Frau — und ich auch! Glauben Sie mir!"

„Aber ich selber fühle mich schuldig bis ins tiefste Innerste hinein", entgegne ich.

„Sie? Nein, wieso Sie? Ihre Selbstbeschuldigung ist doch völlig unbegründet. Sie kannten unsere Tochter doch gar nicht!"

„Nicht nur Ihrer Tochter gegenüber fühle ich mich schuldig, nein, unserer ganzen Jugend, weil man sie mit all den Nöten und Fragen allein läßt. Ich habe mich jedenfalls nicht genug um die gemüht, nicht genug für die gebetet, die in den Drogenrausch hineingeraten sind. Ich habe diese Jugend nicht mit den Augen der Liebe angesehen, eher sie verurteilt. Ich fühle mich schuldig, versagt zu haben."

Banges Schweigen herrscht zwischen uns. Plötzlich kniet der Vater nieder und fängt an, das Vaterunser zu beten. Die Mutter, der Arzt und ich folgen seinem Beispiel. Wird er innehalten bei der Bitte: „. . . und vergib uns unsere Schuld?" Nein, er schreit es fast Gott entgegen: „Und vergib mir meine Schuld!"

Wir alle spüren Gottes Nähe in diesen Minuten. „Ziehe deine Schuhe aus, denn der Ort, darauf du stehst, ist heiliges Land!" So war mir zumute.

Still saßen wir noch ein Weilchen zusammen.

„Kann ich noch etwas für Sie tun? Sie nach Hause fahren?" fragte der Vater in die Stille hinein.

„Das ist sehr lieb von Ihnen. Ich nehme Ihr Angebot dankend an. Aber bringen Sie mich bitte nicht nach Hause, sondern lassen Sie uns gemeinsam noch einmal dahin fahren, von wo Sie heute morgen Ihre Tochter geholt haben."

Wieder ist das entsetzte Auffahren da. „Verlangen Sie alles, aber nur nicht das von mir. Ich kann mich nicht noch einmal in diesen Sündenpfuhl hineinbegeben. Nein, alles andere, nur das nicht."

„Ich meine, das sind wir Ihrer Tochter schuldig. Denken Sie doch nur an den jungen Mann, der Ihnen heute morgen die Nachricht von Gundula brachte. Vielleicht ist er noch zu retten. Lassen Sie's uns doch einmal versuchen, bitte!"

Als der Arzt und seine Frau ihm auch noch zureden, ist er endlich bereit dazu. Beim Verabschieden bitte ich die Eltern unter Tränen, wieder treu unter Gottes Wort zu gehen. Dort würden sie getröstet — und ihr Leben könnte einen neuen Sinn erhalten.

„Aber unser Kind bekommen wir ja trotzdem nicht wieder", flüstert die Mutter vor sich hin, und das tiefe, schwere Leid spricht aus ihren verweinten Augen.

„Das nicht . . . aber . . . vielleicht können Sie später einmal einem armen Waisenkind Ihre ganze Elternliebe schenken. Gott segne Sie in all Ihrem Leid und Schmerz! Ich werde weiterhin an Sie denken und für Sie beten!"

Die ganze Fahrt über war ein einziges stilles Flehen in mir für die leidgeprüften Eltern, daß Gott sich ihrer erbarmen möge. Als der Wagen hielt, befanden wir uns auf St. Pauli.

„Hoffentlich ist die Tür verschlossen!" meinte der Vater. Ich war froh — sie war offen. Die nächsten Minuten, die wir durchlebten, waren eine Ausgeburt der Hölle. In einem ziemlich großen Raum lagen in ihrem eigenen Kot auf verschmutzten und zerrissenen Matratzen junge nackte Menschen in einem völlig unvorstellbaren Zustand. Hier waren stärkere Drogen am Werk als LSD und Hasch. Das hier waren Menschen, die im höchsten Maße drogensüchtig waren.

Ein junges Mädchen wollte die Wände hochklettern und fiel nach jedem erneuten Anlauf in Scherben, in Erbrochenes und in Kot und Unrat zurück. Blutüberströmt und verschmiert landete sie zwischen den anderen nackten Leibern. Dazwischen kreischte lautstark eine Chansonsängerin, der ich als erstes den „Garaus" machte.

Ich packte einen bärtigen Jungen bei den Schultern und redete auf ihn ein. Doch er glotzte mich mit starren Augen wie ein Wahnsinniger an. Er sog an einer komischen Tonpfeife, die aber nicht rauchte.

Niemand war ansprechbar. Hier war Hilfe unsererseits fehl am Platz. Kurz entschlossen drehte ich den Schlüssel um und nahm ihn an mich. Wohl nie in meinem Leben habe ich draußen auf der Straße die frische Luft so voller Dank eingeatmet wie in diesem Augenblick.

Als ich völlig erledigt wieder im Wagen saß, bat ich: „Bitte, lassen Sie uns ins Stadthaus zum Rauschgiftdezernat fahren!“

Wieder focht ich einen heißen Kampf aus, bis der Vater einwilligte und endlich losfuhr.

Kurz schilderte ich im Stadthaus einem Beamten den Sachverhalt, sagte ihm auch von meiner Tätigkeit als Fürsorgerin und bat ihn, uns schnellstens zu dem zuständigen Beamten zu führen.

Im Rauschgiftdezernat unterschrieben wir gemeinsam das aufgenommene und uns vorgelesene Protokoll.

In unserer Gegenwart wurde auch noch die Gesundheitsbehörde eingeschaltet, und noch am selben Tag wurde das Rauschgiftnest ausgehoben.

Dann trennten wir uns. Das ganze Erleben hat mich tief erschüttert. Im festen Glauben, daß Gott sich der armen, leidgeprüften Eltern erbarmen wird und daß sie durch alles hindurch zu ihm zurückfinden werden, fuhr ich nach Hause.

Wer aber hilft unserer armen, irregeführten Jugend zurecht? Herr, gib uns ein Herz voll Erbarmen! Laß uns sie mit dem Herzen sehen, mit den Augen der Liebe! Dann wäre manchem geholfen.

Dein ist die Herrlichkeit . . .

Morgen ist Karfreitag — Karfreitag in Köln!

Menschen hasten durch die Straßen. Ich bin mitten in der Menge auf dem Wege von Zollstock zum Weidenpesch.

Am „Ring“ wird die Tür einer Kneipe aufgestoßen. Heraus torkelt ein „Bruder der Landstraße“, betrunken, verkommen, einer, der nur am Rande der menschlichen Gesellschaft sein Leben fristet.

Lieblose Worte dringen an mein Ohr, der Wirt knallt die Tür hinter ihm zu, verächtliche Blicke der Vorübergehenden streifen den Betrunkenen. Junge Leute grölen hinter ihm her, man hat es eilig, aus seiner Nähe zu kommen.

Er torkelt an der Häuserfront entlang, ein Bus hält. Menschen steigen aus und wieder ein. Mit weitaufgerissenen Augen sieht der Betrunkene zu. Was will er?

Mir stockt der Atem. Mit einem Satz springt er auf das Trittbrett, während sich die Türen schon automatisch schließen. Der Fahrer hat ihn gewiß nicht gesehen.

Wie ein Häuflein Elend hängt der Betrunkene zwischen Himmel und Erde, mit einem Fuß auf dem Trittbrett und mit einer Hand am Haltegriff.

Der Fahrer bemerkt ihn nicht — der Bus fährt an. Es ist, als hätte der Betrunkene kein Anrecht wie die anderen, mitzufahren. Man stößt ihn aus — ihn —, der immer nur am Rande dahintappte, nie dazugehörte.

Schwer schlägt der Körper auf das Straßenpflaster. Das Hinterrad rollt über ihn hinweg. Ein greller Aufschrei!

Mir wird weich in den Knien, Übelkeit packt mich. Doch die Not des andern rüttelt mich wach aus meinem Schock. Ich knie neben dem Verletzten. Starre Augen blicken nach oben. Eine Blutlache bildet sich auf dem regennassen Pflaster. Eine gaffende Menge steht um uns herum. Niemand unternimmt etwas.

Ich bitte, daß man einen Unfallwagen ruft. Der Wirt, der eben den Ärmsten der Armen an die Luft beförderte, rennt jetzt, als ginge es um sein eigenes Leben. Er ist es, der Arzt und Unfallwagen bestellt.

Ich halte den Kopf des Schwerverletzten und wische ihm den Schweiß von der bleichen Stirn. Ist das etwa der Todesschweiß?

Da drängt sich ein Kind, ein Mädchen, wohl kaum zehn Jahre alt, durch die Menge, kniet nieder und streichelt den Ärmsten, dem wohl nie Liebe im Leben zuteil wurde. Sie streichelt immer wieder die bleichen Wangen.

„Mutter!" kommt es plötzlich von den Lippen des Sterbenden.

Plötzlich faltet das Kind die Hände und fängt an, das Vaterunser zu beten.

Er betet mit, deutlich spricht er es mit: „ . . . und vergib uns unsere Schuld!"

Weiter kommt er nicht. Die Umherstehenden wischen sich verstohlen die Tränen aus den Augen. Die Männer nehmen ihre Hüte ab. Wir alle schämen uns nicht unserer Tränen. Gehören wir nicht plötzlich alle zusammen? Und er, der nur immer „am Rande“, abseits, von fern dabei sein durfte, ist er nicht plötzlich unser Bruder, unser Nächster, der ganz zu uns gehört? Auch wenn er nach Fusel riecht und schmutzig in der Gosse liegt?

„Denn dein ist das Reich und die Kraft und die Herrlichkeit — in Ewigkeit! — Amen!“

„Mutter! — Herrlichkeit! — Amen!“

Schlaff fällt die schmutzige Hand herunter, die sich fest um meine geschlossen hatte.

Verwundert sieht mich die Kleine an. Ob sie katholisch ist? Es scheint, als kenne sie den Jubelruf nicht: „Kraft — Herrlichkeit — in Ewigkeit!“ Was tut es!

Hat sie nicht einen Engeldienst tun dürfen? Noch einmal beugt sie sich zu der leblosen Gestalt nieder und drückt ihm einen Kuß auf die Stirn. Wie sie gekommen ist, so still und unbemerkt verschwindet sie in der Menschenmenge — ein Gruß des Himmels für den, der nur „am Rande“ sein Leben aushauchen durfte — und morgen ist Karfreitag — Karfreitag in Köln.

Das Martinshorn ertönt. Man legt den Verletzten auf eine Bahre. Er riecht noch nach Fusel. Aber was tut's! Sein letztes Wort war: „. . . vergib uns unsere Schuld!“

Herr, du hast sie vergeben am Kreuz auf Golgatha — seine — meine — unser aller Schuld. Es bleiben viele Fragen. Kam die Bitte um Vergebung aus einem wirklich bußfertigen Herzen, oder ist hier nur noch einmal Erinnerung wachgeworden an das, was in der Jugend gelernt worden ist, ohne daß das Herz wirklich beteiligt war? Ob die Umstehenden etwas davon verspürt haben, daß Jesus Christus uns allen seine Herrlichkeit anbietet?

Danke, Herr, für den Karfreitag. Danke, Herr, für Golgatha. Dank sei dir, Herr, daß auch ein Kind mit Augen der Liebe sehen kann!

Der Geheimcode

Das Telefon klingelt. Eine ziemlich energische Stimme dringt an mein Ohr: „Hier ist das Postamt Ihres Stadtteils. Ist dort Frau Lexa Anders?"

„Ja, ganz recht — ich bin am Apparat."

„Also hören Sie! Wir haben hier einen Brief von Ihnen vorliegen, der hat weit Übergewicht. Sie müssen natürlich Strafporto bezahlen!"

„Ich? Strafporto? Das kann nicht sein! Den Brief nach Mexiko habe ich durch einen Ihrer Kollegen auswiegen lassen. Alles andere war in den letzten Tagen normale Post. Das kann einfach gar nicht sein. Auf meinem Brief ist doch auch stets der Absender."

„Das ist es ja gerade! Wir beobachten Ihre Post schon seit längerer Zeit. Da stoßen wir in Abständen immer wieder auf diesen Geheimcode."

„Was sagen Sie da? Geheimcode? Nee, das bin ich ganz bestimmt nicht! Mit solchen Dingen befasse ich mich wirklich nicht. Das muß ein Irrtum sein."

„Nichts von wegen Irrtum! Reden Sie doch nicht um die Sache herum. Wir wollten schon das Bundeskriminalamt einschalten. Womöglich wird da Spionage getrieben."

„Bundeskriminalamt? Spionage? Ich begreife wirklich nichts mehr. Kriminalpolizei? Was reden Sie da nur! Das ist doch wirklich alles purer Unsinn."

„Sie werden schon bald begreifen müssen! Immer

wieder andere und neue Geheimcodes. Wir haben sie alle notiert. Sie brauchen das gar nicht zu vertuschen. Wir werden der Sache schon auf den Grund gehen, und wenn nicht anders, dann über das Bundeskriminalamt in Wiesbaden!"

Sehr energisch und siegesgewiß klingt seine Stimme. Ich weiß nicht, was ich von der ganzen Sache halten soll. So bitte ich, den Brief zu öffnen und mir den Inhalt vorzulesen, vielleicht erkenne ich dann den Absender.

„Der Brief ist von Frau Lexa Anders, Hamburg . . .", und dann folgt meine richtige Anschrift, die er mir durchgibt.

„Aber lieber guter Mann, ich denke, der Brief ist an mich gerichtet! Ich schreibe mir doch selber keine Briefe! Und dann noch einen Geheimcode?"

„Nun langt es mir aber wirklich!" schreit der Mann durch die Leitung.

„In dem Brief steht: Nächste D F M B-Stunde bei Frau Lexa Anders. Dann folgt Datum und Anschrift. Hinten auf dem Umschlag steht der Geheimcode: PS. 34, 4.PS —, PS!"

Er stottert sich da etwas zurecht, und ich lache, lache so herzhaft und befreit wie seit langem nicht. Da reißt dem guten Beamten wohl endlich der Geduldsfaden. Je mehr er sich mit seinem Geheimcode PS — PS. 34, 4 D F M B-Stunde in Wut redet, daß das Ganze ein klarer Fall für das Bundeskriminalamt sei, desto ruhiger werde ich. Ein stiller Dank fliegt nach oben, daß es nun wirklich ein „klarer Fall" ist, zwar nicht für die Kripo und nicht für das Bundeskriminalamt, sondern ein Zeugnis meines Herrn für meinen so erregten Postbeamten.

„Sind Sie überhaupt noch da, Sie . . . Sie! Da hänge ich bald eine geschlagene Stunde an der Quasselstrippe — und Sie reagieren einfach auf nichts . . . Sie! Ihnen scheint ja das Gewissen sehr zu schlagen, wie?"

Da fasse ich mir ein Herz und sage: „Es wird sich gleich alles aufklären. Darf ich jetzt auch einmal was sagen?"

„Ich brauche Ihre Aufklärung nicht, wofür halten Sie mich eigentlich? Ich bin ein im Dienst ergrauter Beamter!"

Ich bemühe mich, das Gesagte zu überhören, und sage so liebevoll und freundlich, wie es mir irgend möglich ist: „Sagen Sie einmal, haben Sie eine Bibel zu Hause?"

Keine Antwort. Hat er sich vor Schreck erst einmal hinsetzen müssen? Fast meine ich es. Es ist so still am andern Ende der Leitung. Dann schreit er plötzlich durch den Draht: „Wollen Sie mich etwa auf die Schippe nehmen? Das könnte Sie teuer zu stehen kommen!"

„Nein, nicht im geringsten! Das gehört nämlich nicht zu meiner Aufklärung! Nun aber Scherz beiseite. Sagen Sie mir wirklich ehrlich, ob Sie eine Bibel zu Hause haben."

„Doch, so eine ganz olle aus Urgroßmutters Zeiten muß noch irgendwo sein", meint er kleinlaut. „Aber wieso und warum fragen Sie mich das?" Seine Stimme klingt schon wieder mehr als ärgerlich.

„Weil das mit dem Geheimcode zu tun hat. Nehmen Sie zu Hause einmal Ihre alte Bibel und schlagen Sie die Psalmen auf. Wissen Sie, was die Psalmen sind?"

Die Antwort kann ich nicht verstehen. Ich höre nur ein Grunzen und Brummen. Aber es klingt ganz friedlich.

„Also Ihr sogenannter Geheimcode sind Worte aus Psalm 34, Vers 4ff und heißen: *Preiset mit mir den Herrn, laßt uns miteinander seinen Namen erhöhen. Da ich den Herrn suchte, antwortete er mir und rettete mich aus aller meiner Furcht. Welche auf ihn sehen, die werden erquickt, und ihr Angesicht wird nicht zuschanden.* — Und was da drinnen in dem Brief steht, ist weiter nichts als die Abkürzung von D F M B-Stunde und heißt: Deutscher-Frauen-Missions-Bund-Gebetsstunde."

„Also doch ein Geheimcode!" tönt es zurück.

„Sie können sich ruhig davon überzeugen und am dort angegebenen Tag zu mir kommen."

„Nee, das langt mir schon zur Genüge mit Ihnen! Das laß ich lieber bleiben."

„Aber, bitte tun Sie mir den Gefallen. Nehmen Sie einmal in einer ruhigen Stunde Ihre Bibel zur Hand und lesen Sie den 34. Psalm. Die Bibel ist ein köstlicher Geheimcode, in welchem Gott uns begegnet. Und das Missionsblatt mit dem anderen Geheimcode schenke ich Ihnen. Vielleicht haben Sie an den Berichten auch Freude."

„Nee, das könnte Ihnen so passen. Strafporto sollen Sie bezahlen."

War die Leitung unterbrochen? Hatte er aufgelegt? Es herrschte plötzlich herrliche Stille. Jedenfalls bete ich seitdem, daß diesem Beamten die Herrlichkeit des Wortes Gottes in der Bibel aufgehen möge und sie ihm kein „Geheimcode" bleibe.

Mein Strafporto für das Übergewicht habe ich natürlich gezahlt. Der Absenderin, die mir stets ein Gotteswort auf die Rückseite des Briefes schrieb, die mir somit immer wieder neue „Geheimcodes" ins Haus schickte, habe ich davon erzählt. Sie hat sich mit darüber gefreut, was sie angerichtet hatte. Ich bin sicher, daß auch sie den Beamten in ihre Fürbitte einschließt, damit auch er eines Tages seine uralte Bibel aus Großmutters Zeiten mit Augen der Liebe ansieht und liest. Möge Gott selber ihm darin begegnen, daß sie ihm kein „Geheimcode", kein Buch mit sieben Siegeln mehr ist.

Die kleine Tempeltänzerin

Es war an einem herrlichen Juliabend in Bad Nauheim. Heiß und schwül war der Tag gewesen. Nun, am Abend, wehte ein kleines leises Lüftchen. Im großen Kurpark unter den herrlichen uralten Bäumen lustwandelten die Gäste. Ab und zu trug der Wind einige Töne des Kurkonzerts in die leeren, hellerleuchteten Straßen der Altstadt hinein. Müde schlenderte ich dahin und warf hin und wieder einen Blick in die bunten Auslagen und Angebote der Geschäfte.

Plötzlich fesselte mich in einem Juweliergeschäft eine kleine Messingfigur, die unter einem geschnitzten roten Torbogen stand: eine kleine entzückende Tempeltänzerin. „Aus Siam" stand in schwarzer Druckschrift darunter.

Ich war vom ersten Augenblick an in das kleine Figürchen verliebt. Daß es unverkäuflich war und nur als Ausstellungsstück diente, ahnte ich nicht.

Die grazile Gestalt geisterte sogar durch meine Träume. So beschloß ich, sie am nächsten Tag zu kaufen, ganz gleich, was sie auch kosten möge.

Es kam ganz anders. Nach einem schweren Herzkollaps lag ich lange unter dem Sauerstoffzelt.

Aber meine kleine Tempeltänzerin vergaß ich nicht. Als ich wieder anfing, aufzustehen, führte mich mein erster Weg ins Juweliergeschäft. Für unsere gute „Drescheline", unsere Putzfrau daheim, wollte ich eine nette Anstecknadel kaufen. So hatte ich zur gleichen Zeit die Gelegenheit, den Preis der kleinen Tempeltänzerin zu erfragen.

Eben hatte ich das Geschäft betreten, da war ich schon wieder drauf und dran, es zu verlassen. Der Geschäftsinhaber — unverkennbar ein Sohn Israels — schrie die zwei vor ihm Stehenden wutentbrannt an: „Wenn Sie meinen, mich aufgrund meiner Herkunft heute wie in der Nazizeit beleidigen und beschimpfen zu können, dann irren Sie sich sehr. Verlassen Sie mein Geschäft, sonst . . .!"

Weiter kam er nicht. Mit erhobener Hand, mit der er den beiden Damen die Tür wies, stürzte der große Mann zu Boden. Fluchtartig machten sich die beiden Frauen aus dem Staub. Sie schimpften immer noch und stießen arge Verleumdungen aus.

Wie angewurzelt stand ich da, nachdem ich dieses häßliche Schauspiel miterlebt hatte. Mit zitternden Knien rannte ich um den Verkaufstisch herum und beugte mich über die am Boden liegende Gestalt. Der Puls war kaum fühlbar. War denn niemand im Haus? Ich rief, so laut ich konnte, um Hilfe.

Eine platinblonde Frau kam den langen Korridor entlanggerannt. Es war seine Frau. Kurz erklärte ich, was geschehen war.

„Benjamin! Mein Benjamin!" rief die Frau ein über das andere Mal in ihrer Verzweiflung. Sollte man nicht lieber einen Arzt holen? Doch der Puls wird kräftiger. Gemeinsam tragen wir den schweren Mann in das nahe Wohnzimmer auf die Couch.

„Haben Sie wohl einen Cognac im Haus? Ich meine, der würde Ihrem Mann guttun, wenn er wieder zu sich kommt."

Sie nickt und wischt sich die immer wieder aufsteigenden Tränen fort.

„Wie froh bin ich, daß Sie da sind! Allein hätte ich den Kopf verloren."

Plötzlich schlägt der große starke Mann die Augen auf und sagt: „Claudia, im Eisschrank liegt noch eine Flasche Sekt, ich meine, wir alle brauchen jetzt eine Stärkung!"

Und zu mir gewandt, fährt er fort: „Was hat Sie dazu bewogen, mir zu helfen? Sie haben doch noch gehört, wie sehr mich die beiden Damen beleidigten und schmähten."

„Doch — ja, ich weiß! Es hat mir bis ins Innerste wehgetan. Wie sehr haben wir uns alle an Ihrem Volk versündigt — ja, an Ihnen allen. Darum bin ich doppelt dankbar, Ihnen einen kleinen Liebesdienst erweisen zu können."

Hatte ich zuviel gesagt? Er schloß erneut die Augen und lag still da. Doch der Puls ging wieder kräftig und regelmäßig.

„Wir sind doch ein verschmähtes Volk", kam es plötzlich aus ihm heraus.

„Und dennoch ein von Gott geliebtes und auserwähltes Volk", entgegnete ich leise.

Nie werde ich den staunend frohen Ausdruck in den Augen dieses Mannes vergessen, als ich noch hinzufügte: „ . . . und ich liebe dieses Volk!"

Stumm drückte er mir die Hand und sagte: „Die Damen waren so voller Haß . . . und Sie bringen uns aufrichtige Liebe entgegen . . . sonderbar!"

Es kam zu einem feinen Gespräch zwischen uns. Seine Frau läßt den Sekt in die Gläser perlen, er setzt sich in den Sessel und sagt nachdenklich:

„Üblich wäre es, wenn wir jetzt auf Ihr Wohl anstoßen und die Gläser dazu erheben würden. Aber ich möchte es anders sagen, nämlich: Der Gott meiner Väter segne Sie!“

Bis ins tiefste Innerste bewegt mich dieser Segensgruß, und ich danke ihm dafür von ganzem Herzen.

Als ich mich verabschiede, fragt der Kaufmann unvermittelt, warum ich eigentlich in sein Geschäft gekommen sei. Ob ich den Wortwechsel etwa schon auf der Straße gehört habe. Ich sage ihm, daß ich mich schon vor Wochen in die kleine „Tempeltänzerin“ verliebt hätte. Um nach dem Preis fragen zu können, hätte ich eine Anstecknadel kaufen wollen.

„Eine Nadel will ich Ihnen gerne zeigen, Sie dürfen sich aussuchen und wünschen, was Sie wollen, aber die kleine Tempeltänzerin aus Siam ist unverkäuflich. Daran hängt zuviel Erleben und Erinnerung. Bitte, nehmen Sie es mir nicht übel.“

Ich entschied mich für eine hübsche Anstecknadel für unsere gute „Drescheline“ daheim. Als man sie mir schenken wollte, wehrte ich mich heftig. Trotzdem war ich schließlich doch die Unterlegene und mußte nachgeben. So zog ich beschenkt und glücklich davon.

Als ich dann noch mit wehem Herzen einen Blick auf die kleine Tempeltänzerin werfen wollte, sah ich, daß der Platz unter dem roten Torbogen leer war. Es durchzuckte mich wie ein körperlicher Schmerz.

Plötzlich berührte eine Hand leise meine Schulter, und jemand hinter mir sagte: „Bitte nehmen Sie das. Mein Mann schickt es Ihnen als Gruß und als Dank, vergessen Sie uns nicht — und behalten Sie uns ein bißchen lieb!“

In der glutheißen Julisonne ging ich dahin wie eine Träumende. In meinen Händen hielt ich meine geliebte Tempeltänzerin aus Siam.

Ach, Herr, laß mich mehr denn je Kinder deines Volkes mit deinen Augen — mit Augen der Liebe — ansehen. Das schenke mir in Gnaden!

Meine geliebte kleine Tempeltänzerin steht auf einem Eckbord in meinem Wohnzimmer. Jedesmal, wenn ich sie ansehe und mich an ihr freue, geht ein leises Grüßen zu ihnen herüber, zu meinen Freunden aus Israel.

Frühling im Spätherbst

Mitten im wogenden Menschengewühl der Großstadt umwehte mich plötzlich zarter Blumenduft. Ich verlangsamte den Schritt und sah mich suchend um. Da entdeckte ich an einer Häuserecke ein altes Mütterchen, das mit zittrigen Händen Primeln — Himmelsschlüsselchen — zum Verkauf anbot. Ein voller Korb stand neben ihr; es duftete, als hätte sie den ganzen Frühling in das flutende Großstadtleben hereingeholt. Aber die Menschen hasteten vorbei an diesem Frühlingsgruß des Waldes und der Wiesen.

Tief sog ich den wunderbaren Duft in mich hinein und kaufte eins, zwei, drei, vier Sträußchen an der Zahl. Am liebsten wäre ich mit dem ganzen Korb davongezogen.

Lächelnd wehrte ich ab, als das alte Frauchen mir das Wechselgeld zurückgeben wollte. Wer glücklich ist, möchte auch andern eine Freude machen.

Mein Weg führte mich durch die Wallanlagen der Stadt. Selbst die hohen kahlen Gefängnismauern schienen im Frühlingssonnenschein das Grauenhafte verloren zu haben, das ihnen sonst anhaftete. Von weitem schien es, als grüne und blühe es an ihnen empor.

Wieviel Leid nistete dort hinter vergitterten Fenstern und kalten Mauern!

Um schnell die aufkommenden dunklen Gedanken zu verscheuchen, vergrub ich das Gesicht in meinem Frühlingsstrauß. Den wundersamen Duft tief einatmend, öffnete ich beglückt die Augen. Wollte da etwa schon wieder ein dunkler Schatten meine Seele streifen, die so zur Freude bereit war?

Vor mir schob ein alter Herr mit schlohweißem Haar eine alte Dame im Rollstuhl vor sich her. Immer wieder beugte er sich zu der zarten Gestalt herunter. Er schien ihr etwas Liebes zuzuflüstern. Oder erklärte er ihr etwas?

Ich verlangsamte meine Schritte. Mich rührte das Bild vor mir. Viel zu weit war der schwarze Anzug des Herrn. Auch der Schnitt des Anzuges war unmodern. Er paßte nicht mehr in die heutige Zeit hinein. Das Perlentäschchen am Arm der alten Dame wäre heute in einem Antiquitätengeschäft bestimmt als eine Kostbarkeit angepriesen.

Plötzlich legte der alte Herr eine kleine Verschnaufpause ein, blieb stehen und wischte sich mit einem großen weißen Taschentuch über die heiße Stirn.

Um nicht unhöflich stehen zu bleiben, ging ich an ihnen vorbei und warf dabei schnell einen scheuen Blick auf die alte Dame.

Große blaue Augen strahlten den Mann an, dem sie mit einem Lächeln das Tuch entwendet hatte. Liebevoll fuhr sie ihm damit über das heiße Angesicht.

Nur zwei Worte hatte ich im Vorbeigehen verstanden: „Du Guter!“

Mir war, als sei mir der Frühling im Spätherbst des Lebens dieser beiden alten Menschen begegnet. Ich hastete vorwärts, um einen Vorsprung zu gewinnen. Auf einer Bank ruhte ich ein wenig aus, um den beiden entgegenzusehen. Sie hatten sich mir ins Herz geschlichen. Ich mußte sie noch einmal aus der Nähe sehen, die beiden glücklichen alten Menschen, und mich noch einmal an ihrem stillen inneren Glück erfreuen.

Es dauerte nicht lange, da kam auch schon der Rollstuhl herangerollt und machte vor meiner Bank halt. Behutsam achtete der alte Herr darauf, daß die Dame nur nicht zu sehr von der Sonne gestört wurde. Jede seiner behutsamen Bewegungen drückte Liebe und Fürsorge aus.

Beide nickten mir mit einem freundlichen „Guten Morgen“ zu und überließen sich dann mit geschlossenen Augen den warmen Sonnenstrahlen.

Ich blinzelte durch die halbgeschlossenen Lider und dachte: „Welch ein reiches Leben, über das noch im hohen Alter ein solcher Frühlingsglanz gebreitet ist!“

„Was für ein herrlicher Duft!“ träumte der alte Herr leise vor sich hin.

Ich denke nicht daran, daß dieser Duft von meinem Sträußchen neben mir auf der Bank herrührt, sondern horche weiter, als er fortfährt: „Mir ist, als sähe ich dich wieder wie damals, als du in deinem weißen Kleid mir mitten auf der großen Wiese entgegenkamst, den Arm voller Schlüsselblumen. Weißt du es noch?“

„Oh ja! Das war am frühen Morgen unseres Hochzeitstages — heute, genau vor fünfzig Jahren. Sonderbar! Derselbe Duft! Und hier wachsen doch gar keine ‚Himmelsschlüsselchen‘!“

Da hält es mich nicht länger am anderen Ende

der Bank. Ich springe auf und lege meine vier Sträußchen der alten Dame in den Schoß. Im ersten Augenblick sieht sie mich erschrocken an. Dann aber ruft sie voll Entzücken: „Mein gutes Alterchen, nun darf ich dir wie vor fünfzig Jahren Himmelsschlüsselchen bringen!"

Rührend unbeholfen steht der alte Herr auf und küßt mir dankbar die Hand. „Sie gutes Kind, wie kommen Sie nur dazu, uns eine solche Freude zu machen?"

Verlegen wehre ich ab und will gehen, als ich Tränen in ihren Augen sehe. „Ich weiß nicht, welche Freude größer ist, die Freude des Schenkens oder die Freude des Beschenktwerdens!" entgegne ich und will mich auf den Weg machen. Aber man läßt mich nicht gehen.

So erfahre ich in wenigen Worten von großem Leid, aber von noch größerem Segen, der daraus erwuchs. Über zwanzig Jahre ist die Frau nun schon gelähmt und an Bett und Rollstuhl gefesselt. Die ganze Zeit sorgt der alte Herr mit rührender Hingabe für seine kranke Frau. Er war dankbar, ihr etwas von der Liebe zurückgeben zu können, mit der sie ihn ein ganzes Leben lang umgeben hatte.

Das ist wie ein Ewigkeitsgrüßen — Liebe, die durch nichts irre wird, die trägt und liebt, die nicht an Schönheit, Gesundheit und Besitz gebunden ist, die den andern einfach lieben muß — das Du.

Und immer wieder, wenn es Frühling wird und mich der Duft von „Himmelsschlüsselchen" erfreut, ist es mir wie ein liebes Grüßen dieser beiden alten Menschen, die sich ein ganzes Leben — aber auch die andern — mit Augen der Liebe ansahen.

Liebe unterm Regenschirm

Wir waren oft zu Gast bei einem Predigerehepaar. Sie hatten sich ein Herz für die Jugend bewahrt, aber auch alte gebrechliche Menschen fanden in ihrem Heim Zuflucht. Nie werde ich vergessen, wie man einen Bruder von der Landstraße, der vor ihrem Haus zusammengebrochen war, in die Wohnung trug und ihn bis zu seinem Tode in selbstloser Liebe pflegte. Solche Liebe muß den andern ja überwinden. Er kam zum lebendigen Glauben an Jesus Christus und ging in Frieden heim.

Einmal fragte ich ganz spontan: „In Ihrem Leben ist so eine wunderbare Harmonie. Ist das immer so gewesen? Oder — wie ist es dazu gekommen?“

Beide schmunzelten und sahen sich an. Dann sagte der Hausherr: „Wo Jesus Christus ist der Herr, wird's alle Tage herrlicher! — Aber angefangen — ja angefangen hat es mit einem Regenschirm.“

„Wie aber kann denn ein Regenschirm eine so glückliche Ehe schaffen?“ wollte ich wissen.

So fuhr er fort: „Meine Frau und ich waren jungverheiratet und waren an den Bodensee gefahren. Es war unsere erste gemeinsame Reise. Der Himmel hing voller Geigen. Wir waren unendlich glücklich, aber durch irgendein unbedachtes Wort war mein Frauchen aufs tiefste empört, ja, sie sprach kein Sterbenswörtchen mit mir. An unserem jungen Ehehimmel waren plötzlich dunkle Wolken aufgezogen. Ach nein! Auch äußerlich schien sich das Wetterbarometer uns anzupassen. Alles war grau in grau. Es regnete ununterbrochen.

Wir besaßen am Anfang unserer Ehe nur einen einzigen schwarzen Herrenschirm. Meine Frau haßte Schirme und trug nur einen Lodenmantel. Keiner wollte im ersten Ehestreit nachgeben. Jeder hatte einen Kopf für sich.

Allein fuhr ich, ohne mich von meiner Frau zu verabschieden, auf die Insel Mainau. Es goß in Strömen. Ich mußte mit mir ins reine kommen.

Nicht ahnend, daß meine Frau mir nachgefahren war, saß ich grollend auf einer Bank. Ich hatte kein Auge für die Schönheit um mich herum. Der Groll gegen meine junge Frau nahm mich trotz meiner Jesusnachfolge gefangen. Nur nicht nachgeben! Ich bin schließlich der Herr im Haus! Sie muß mich anerkennen! Das war mein Grundsatz.

Doch nur zu bald hatte der Herr meine innere Haltung berichtigt, und ich schämte mich sehr. Aber es war mir entsetzlich schwer, um Verzeihung zu bitten. Als alter Junggeselle hatte ich nur nach meinem eigenen Willen gelebt.

Im strömenden Regen sagte plötzlich eine freundliche Stimme ganz dicht neben mir: ‚Schorschi, darf ich?' Vor Aufregung konnte ich kein Wort herausbringen. Es war Gretel, meine kleine Frau, die sich unter meinen Regenschirm flüchtete und sich dicht an mich kuschelte mit den Worten: ‚Ich bin so naß geworden!'

‚Gretel — Du?'

Keiner sagte dann ein Wort. Aber wir hatten uns wieder — und das im strömenden Regen am Bodensee. Einer hielt die Hand des andern, und dann lösten sich unsere Zungen. Jeder gab sich die Schuld. Innig baten wir den Herrn gemeinsam um Verzeihung.

In jeder Ehe kommt einmal so etwas vor. Wir hatten uns wieder einmal heftig gestritten. Als ich ins Wohnzimmer stürzte, um allein zu sein, sitzt da — sage und schreibe — meine Gretel mit einem aufgespannten Regenschirm und sieht mich herzerbarmend an. Da habe ich sie in meine Arme genommen, und wir haben gelacht und geweint.

Uns war das gegenseitige Erkennen unserer Fehler und Schwächen so schwer. Der Regenschirm ist noch oft in Aktion getreten. Aber eines Tages ist er dann ganz aus unserem Leben verschwunden. Jesus Christus wurde mehr und mehr Sieger auch in unserem Alltagsleben. So lernten auch wir uns gegenseitig anzunehmen. Wir lernten uns mit Augen der Liebe anzusehen."

Am Mönckeberg-Brunnen

Es ist ein wunderschöner, sonniger Herbstmorgen. Nach einem Einkauf in einem der großen Warenhäuser Hamburgs sitze ich noch ein Weilchen auf einem Steinsockel beim Mönckeberg-Brunnen und genieße die warmen Strahlen der Morgensonne. Unaufhörlich flutet der Großstadtverkehr an mir vorüber. Menschen, Menschen, Straßenbahnen, Autos — und dazwischen wieder Menschen und nochmals Menschen. Ich sehe so gern in ihre Gesichter und lese darin von Glück und Freude, aber auch von Sorgen, Lasten und Nöten.

Während ich noch so dahinsinne, tippt mir jemand auf die Schulter und sagt: „Hier, Oma, das ist auch was für dich!"

Eine richtige Rockergestalt mit Backenbart und Blue Jeans und Lederjacke hat sich vor mir aufgebaut und hält mir etwas Großes, Gedrucktes entgegen.

„Ach, wieder ein Sonderangebot aus dem Warenhaus!" denke ich und suche in meiner Einkaufstasche nach meiner Brille.

„Nee, Oma, viel was Besseres, als du denkst", ruft er mir zu und hat schon wieder eine jüngere Frau beim Wickel, mit der er redet. Plötzlich ist noch eine zweite Lederjacke da in Blue Jeans, und zwar ohne Backenbart. Aber dafür hat er eine fast furchterregende Löwenmähne. Ich stelle inzwischen staunend fest, daß ich eine Ausgabe von „Neues Leben“ und eine Einladung zu Vorträgen von Anton Schulte im CHR-Center in meinen Händen halte.

Mein Herz macht einen Freudensprung. Wahrlich, ein feines „Sonderangebot“! Ich rufe die beiden Lederjacken zurück, die wie Rocker aussehen. Dabei stelle ich fest, daß sie einen lieben und freundlichen Gesichtsausdruck haben. Sie sind nicht wie die anderen Rocker, die sich in der Sonne räkeln, aus der Flasche trinkend dasitzen oder gar Hasch rauchen.

„Jungens, sagt mal, das ist doch gar nicht so einfach, solche Sachen hier zu verteilen und mit den Leuten zu reden! Oder?“

„Weißt du, Oma, wen Christus freigemacht hat, nicht nur von Hasch und LSD, sondern von Heroin und noch stärkeren Mitteln, der muß die Botschaft von Rettung und Heilung auch andern sagen, die noch im Dreck sitzen.“

„Jungs, ihr gefallt mir! Ich bin von derselben Partie!“

„Mensch, Oma, hast du auch gehascht?“

„Nee, das nicht! Aber Christus ist auch der Herr und Meister meines Lebens, das meine ich.“

„Wann ist das denn so mit dir geschehen?“

„Och, das ist schon über ein halbes Jahrhundert her!“

„Mensch, Oma, du bist doch noch ganz fit, bist doch noch keine Uralte!“

Er fragt und fragt. Ich muß ihm Rede und Antwort stehen, ob ich will oder nicht. Der „Löwenkopf“ redet mit Rockern und Gammlern, die den Mönckeberg-Brunnen umlagern.

Bald sind wir mitten dazwischen. Fragen und Antworten schwirren hin und her. Es wird hart diskutiert. Scheinbar stört sie mein Alter gar nicht. Mir brennt das Herz für diese Jugend, die schier am Abgrund dahinvegetiert. Sie wollen Vorbilder, Ideale. Und wir Alten, die es sein sollten, verachten sie, rümpfen die Nase, wenden uns von ihnen ab, die dem Rauschgift und dem Alkohol verfallen sind. Es ist herzbewegend, wie mein „gewesener Rocker mit dem Bakkenbart" versucht, ihnen klarzumachen, daß es Rettung und Befreiung nur in Christus gibt. Er spricht aus eigener Erfahrung, und das kommt an.

Mein „Löwenkopf" hat einen Rocker ganz besonders aufs Korn genommen. Plötzlich greift er in die Innentasche seiner Lederjacke und holt ein Büchlein heraus.

„Oma, das wäre auch was für dich! Einfach prima! Ich würde es dir schenken, aber mein Kumpel braucht es eher als du!"

Ich traue meinen Augen kaum, das kann ich auch noch ohne Brille lesen und erkennen: „Christus in Hamburgs Straßen und Häusern" von Lexa Anders.

Mir ist ganz eigen zumute, und ich wehre ab: „Nee, laß man, die kenne ich!"

„Von wegen: Laß man! Die Frau ist in Ordnung! Ich wollte, ich könnte mit der mal reden!"

Lachend drehe ich das Buch um und halte es ihm hin. Er sieht auf das Bild, dann starrt er mich an und ruft: „Mensch, Oma, das bist ja du, wenn auch etwas jünger!"

Zwei kräftige Jungenarme umschließen mich, und ein schallender Kuß ist das Endergebnis.

„Jungens, ihr seid wirklich prima. Mir ist, als hätte

ich das große Los gewonnen. Ich könnte jetzt singen: Großer Gott, wir loben dich!"

„Ja, warum eigentlich nicht!" meint er und stimmt an. Ich brumme mit, so gut und laut ich kann. Selbst aus der angesammelten Menschenmenge um Rocker und Gammler herum singen einige mit.

Mir werden die Augen feucht. Es ist einfach inneres Glück, beschämende Freude, daß es auch in der heutigen Zeit noch junge Menschen gibt, die aus Rockern und Schlägern, aus Rauschgiftsüchtigen und Alkoholikern zu Jesusnachfolgern werden und die ihre Kumpel mit dem Herzen, mit Augen der Liebe ansehen. Gerettetsein gibt Rettersinn.

Gottes Liebe hat keine Grenzen

Fürsorglich umsorgt werden, das tut unsagbar wohl, besonders wenn man eine angeschlagene Gesundheit besitzt. Ich habe auch Verständnis dafür, wenn man nicht gerne sieht, daß ich allein unterwegs bin. Doch manchmal, da packt es mich; da breche ich einfach aus. Warum sollte ich nicht einmal allein in ein Einkaufszentrum nach Poppenbüttel gehen, obwohl es etwas weit abgelegen ist? Einige Geburtstagseinkäufe waren sowieso fällig.

Meinen Tag beginne ich stets damit, daß ich in kindlich einfältiger Weise vor Gott mein Tagesprogramm ausbreite und bitte: „Herr, führe und leite du mich durch deinen Heiligen Geist! Was nicht nach deinem Willen ist, das mache zunichte. Mache einen so deutlichen Strich hindurch, daß ich's auch verstehe und begreife! Ich möchte für dich da sein und einzig und allein nur deinen Willen tun! Halte mich ganz nahe bei dir!"

Nie bin ich dann traurig, wenn etwas anders verläuft, als ich's gedacht und geplant habe. Ich weiß, es ist der Herr, es ist sein Planen. Sein Programm ist immer weit besser, oft sogar zum Staunen.

So war es auch heute. Frohgemut sitze ich in der S-Bahn auf dem Weg zum Einkaufszentrum in Hamburg-Poppenbüttel. Spitzbübisch freue ich mich über mein heimliches Entwischen. Einige Haltestellen vom Ziel entfernt werde ich von einer plötzlichen

Unruhe gepackt. Ich will sie unterdrücken, sie aus meinen Gedanken verjagen; doch es gelingt mir nicht. Immer wieder heißt es in mir: „Du kannst dich auch einmal um den Grabstein deiner Schwester kümmern! Der müßte doch eigentlich zum Legen fertig sein!"

Ich habe Gegengründe: „Das ist doch nur ein toter Gegenstand, der völlig unwichtig ist. Bei mir geht es aber um lebendige Menschen. Ich will ihnen doch eine Geburtstagsfreude bereiten!"

Aber ich werde die anderen Gedanken nicht los. Das innere Drängen mit dem Grabstein wird immer heftiger. So steige ich in Ohlsdorf aus und stehe auf dem Bahnsteig und weiß nicht, warum. Ich komme mir selbst etwas komisch vor. Am liebsten hätte ich gesagt: „Herr, du sollst deinen Willen haben. Aber entschuldige bitte, ein bißchen komisch finde ich ihn doch."

Sollte ich nun zuerst zu dem Steinmetz gehen oder ans Grab meiner Schwester fahren? — Inzwischen bin ich auf dem Ohlsdorfer Friedhof gelandet, und weil gerade ein Bus bis zur 13. Kapelle abfährt, steige ich ein.

Nicht daß ich innerlich mit dem Herrn hadere, aber ich kann mir nicht helfen, ich finde alles recht sonderbar und eigenartig. Erst viel später erkenne ich beschämt die gütige Hand Gottes über mir.

Als ich vom Hauptweg abbiegen will, schimmert durch die kahlen Büsche der frischgelegte weiße Marmorstein auf unserem Grab. Aber etwas kann ich nicht begreifen. Ich sehe mit entsetzten Augen: Eine Frau sitzt auf unserem Grabstein. Innerlich bin ich recht erbost. Was fällt dieser Frau eigentlich ein?

Kann sie sich denn nicht auf eine Bank hinsetzen?

Langsam pirsche ich mich heran. Sie dreht mir den Rücken zu und bemerkt mich nicht. Wie abwesend und ganz in sich gekehrt sitzt sie da. Als ich im Vorbeigehen einen scheuen Blick auf sie werfe, stelle ich fest, daß man sie als „Dame" bezeichnen muß.

Sie bemerkt mich nicht. Etwas weiter in derselben Reihe stehe ich am Grab eines bekannten Ehepaares aus unserer Gemeinde. Doch schiele ich immer wieder nach unserem Grab hinüber. Die Frau aber denkt scheinbar gar nicht daran, sich von unserm Grabstein zu erheben. Statt darin einen Fingerzeig Gottes zu erkennen, ärgere ich mich noch mehr darüber.

Ich gebe mir innerlich einen Ruck, gehe zurück ans Grab und rede die Unbekannte an: „Entschuldigen Sie bitte, daß ich Sie anspreche, ist Ihnen etwa schlecht geworden?"

„Nein, danke!"

Nichts weiter sagt sie, aber ich will sie doch von unserm Grabstein weghaben. Ich will mir die Aufschrift einmal ansehen. Doch sie sitzt auf der Platte; wir haben nämlich in unserer Reihe vorschriftsmäßig große, liegende Steine.

Ich werde etwas ungeduldig. Trotzdem bemühe ich mich, so freundlich wie möglich zu sagen:

„Entschuldigen Sie bitte, daß ich Sie noch einmal anrede. Sie sitzen nämlich auf unserm Grabstein, der neu gelegt ist. Ich hätte so gern einmal gesehen, wie die Schrift ausgefallen ist."

Entsetzt springt die Fremde auf, starrt mich mit großen Augen an und fragt: „Sagten Sie nicht eben

— unserm Grabstein? Da liegt doch die Olga M.? Sind Sie denn etwa Lexa?"

Ich bin eigenartig berührt und bestätige es ihr. Da schlägt die Frau beide Hände vors Gesicht und sagt unter Tränen: „Nun weiß ich, daß es wirklich einen lebendigen Gott gibt, der sich um mich ganz persönlich kümmert und mir nachgeht."

Jetzt verstehe ich gar nichts mehr. Plötzlich sitzen wir beide auf unserm Grabstein. Sie sucht in ihrer Handtasche. Ich reiche ihr ein Taschentuch von mir. Doch sie schüttelt den Kopf und hält mir dann einen schon etwas zerknitterten und vergilbten Zettel hin. Nun bin ich es, die in die Tasche greift. Ich krame nach meiner Brille. Ich kann es nicht fassen. Ich erkenne die Handschrift meiner verstorbenen Schwester und lese: „Was würde Jesus dazu sagen?"

Und auf der anderen Seite: „Zur Erinnerung an den 6. Dezember 1918! Deine Olga M."

Jetzt erst fällt es mir wie Schuppen von den Augen. Es ist der Herr, der mich an das Grab meiner Schwester geleitet hat. Aber begreifen und mit dem Verstand erfassen kann ich es nicht.

„Das ist unverkennbar die Handschrift meiner Schwester, und der 6. Dezember, das war doch ihr Geburtstag. Wie ist das alles sonderbar! Ich verstehe es nicht! — Wie kommen Sie hierher? Wer sind Sie?"

„Ja, ich bin ebenso beeindruckt von Gottes Handeln wie Sie. Ich bin innerlich erschüttert und doch so beglückt dabei.

Ich bin ein früheres Sonntagschulkind Ihrer Schwester aus dem Gemeindehaus ‚Sunem' auf der Uhlenhorst. Später schickten mich meine Eltern auch in den Handarbeitsunterricht, den Ihre Schwester erteilte. In der ersten Stunde durfte beim Handarbeiten leise geredet werden. Aber in der zweiten Unterrichtsstunde waren wir mäuschenstill. Da las Ihre Schwester uns etwas vor. Das Buch hieß: ‚Das Treppengeländer' von Hedwig Andre."

„Oh ja, das weiß ich noch genau", erwiderte ich. „Es handelte sich um eine Sonntagschullehrerin, die ihren Kindern etwas Hilfreiches ins Leben mitgeben wollte, eine Richtschnur, ein sogenanntes Treppengeländer, das sicheren Halt geben sollte. Wenn sie nicht wüßten, was gut oder böse sei, ob sie dieses tun oder jenes lassen sollten, dann brauchten die Kinder nur zu fragen: ‚Was würde Jesus dazu sagen?' — dann würden sie innerlich bestimmt die richtige Antwort bekommen."

„Ja, und dann hatte eines der großen Mädchen die Frage in großen schwarzen Lackbuchstaben auf weißen Karton gemalt und in einen Rahmen aus Goldpapier geklebt. Das war das schönste Geburtstagsgeschenk für meine Schwester. Es war damals eine richtige kleine Erweckung unter den großen Mädchen ausgebrochen. Viele Jahre hing diese Frage in unserm Arbeitszimmer und ist uns allen zum Segen geworden."

„Und ich war damals als Zwölfjährige ebenfalls innerlich sehr angesprochen", fährt die Fremde fort. „Ich bat Ihre Schwester, mir die Frage aufzuschreiben, weil ich mich immer danach richten wollte. Das ist dieser Zettel. Ich habe ihn gehütet wie einen Schatz. Die Frage hat mich durch mein ganzes Leben begleitet. Gerichtet habe ich mich nicht immer danach. Schon bei meiner Verlobung nicht. Von

Gott her hätte ich ein klares Nein haben müssen. Aber ich liebte den Mann meines Herzens und wollte ihn unbedingt haben. Ich habe ihn auch bekommen. Es ging uns nach allen Seiten hin gut, sehr gut sogar. Wir hatten ein schönes Haus, drei gutgeratene Kinder, einfach alles, was wir uns gewünscht und erstrebt hatten. Aber so richtig glücklich bin ich in meiner Ehe nie gewesen. Für innere Dinge hatte mein Mann keinerlei Verständnis. Da war ich immer allein. Nun, da er schon einige Jahre tot ist und die Kinder verheiratet und selbständig sind, braucht mich niemand mehr. Mein sehnlichster Wunsch war immer: ‚Wenn ich doch einmal im Leben noch eine von den beiden Schwestern M. aus der Heinrich-Hertz-Straße sehen und sprechen könnte!' Verstehen Sie nun, was das für mich bedeutet, daß ich Sie nun hier treffe?"

„Ja, Gottes Liebe, sie hat keine Grenzen! — Woher kommen Sie eigentlich?"

„Aus Bochum."

„Aus Bochum? So weit her?" Es ist mir unfaßbar. Wie unvernünftig war es doch von mir, nicht sofort auf Gottes innere Weisung einzugehen! Die Fremde erzählt weiter:

„Ich hatte einfach den inneren Drang, nach Hamburg zu fahren und nach Ihrer Familie zu forschen. Doch wie sollte ich jemand von Ihnen finden? Sicher waren Sie und Ihre Schwester verheiratet und lebten unter anderen Namen. Ihre Eltern waren gewiß schon lange tot. — Da kam mir der Gedanke, zum Ohlsdorfer Friedhof zu fahren. Ich fragte in der Verwaltung nach Ihrem Familiennamen.

Der Beamte schüttelte den Kopf: ‚Ich kann Ihnen

leider unter dem Namen nichts nachweisen.' Ich wollte schon gehen, als eine junge Frau am anderen Ende des Dienstraumes rief: ,Warten Sie einmal. Ich habe hier noch die alte Karteikarte. Ich wollte sie schon vernichten, bin aber noch nicht dazu gekommen. Seit der gestrigen Steinlegung werden die Gräber unter einem anderen Namen geführt!'

So erfuhr ich die Grablage und die Kennummer. Nun kommen Sie, während ich verzweifelt und voller Fragen auf dem Grabstein Ihrer Schwester sitze. Ich kann das alles nicht fassen. Aber eines weiß ich jetzt felsenfest: daß es einen lebendigen Gott gibt, der sich um jeden einzelnen Menschen kümmert und ihm nachgeht."

Was wir dann miteinander sprachen, gehört in die Gegenwart Gottes. Wahrlich, Gottes Liebe, sie hat keine Grenzen.

„Ziehe deine Schuhe aus, denn der Ort, worauf du stehst, ist heiliges Land!" So ist uns zumute. Ich schäme mich nicht der Tränen. Ein Menschenkind kommt mit Gott ins reine und kann das Kreuz auf Golgatha im Glauben umfassen.

Wir sind beide bis ins Innerste ergriffen. Aber was gelten die Gefühle! Gottes Liebe wurde von uns beiden aus übervollem Herzen gepriesen. Gott hatte ein Menschenkind mit Augen der Liebe angesehen. Etwas Größeres gibt es nicht im Leben.

Wie hat Gott die Menschen so lieb! So schieden wir voneinander, in stiller, innerer Anbetung über Gottes unbegreifliche Liebe.